I0088043

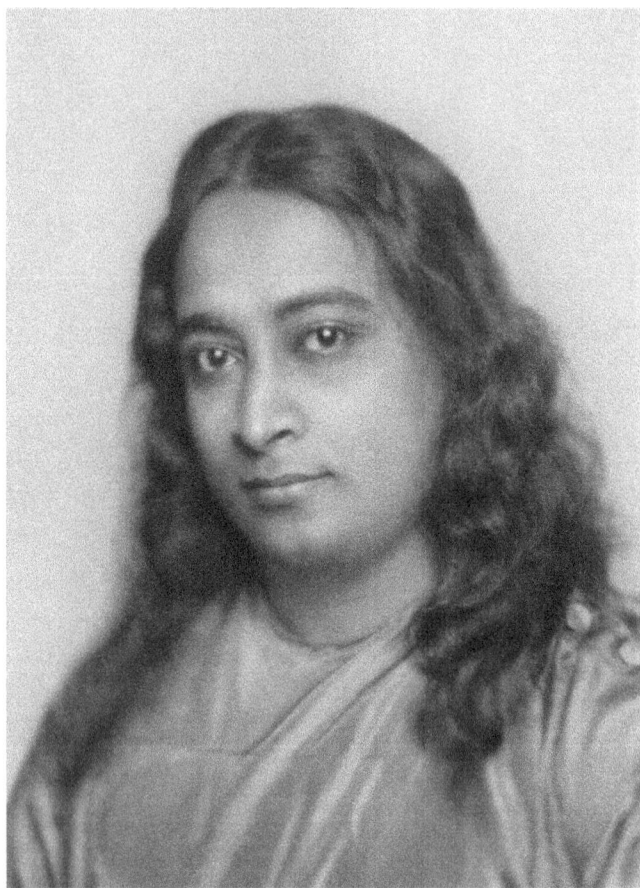

برمهنسا يوغانندا
(١٨٩٣-١٩٥٢)

عِلم الدين

تأليف برمهنسا يوغانندا

مع مقدمة بقلم دوغلاس آينسلي، بكالوريوس آداب،
ماجستير بحوث ودراسات

Self-Realization Fellowship
FOUNDED 1920 BY PARAMAHANSA YOGANANDA

كلمة حول هذا الكتاب: إن لكتاب عِلم الدين، الذي هو أول أعمال برمهنسا يوغاناندا المطبوعة، مكانة خاصة في مكتبة Self-Realization Fellowship التي تضم كتبه وتسجيلاته الصوتية. الكتاب هو صيغة موسّعة لكلمة شري [السيد] يوغاناندا الأولى في أمريكا. تلك الكلمة التاريخية التي قدّم فيها تعاليمه إلى العالم الغربي. تم إلقاء الكلمة في عام ١٩٢٠ في المؤتمر الدولي للقادة الدينيين في بوسطن، وقد استقبلها المندوبون بترحيب كبير ──وكذلك الجمهور عندما تم توفير الكلمة لهم في شكل كتيّب. في عام ١٩٢٤، وضع شري يوغاناندا ترتيبات كي تقوم مؤسسته بإصدار طبعة منقّحة وموسعة للكتاب الذي ما زالت طبعاته متوالية منذ ذلك الحين. وفي عام ١٩٢٨ أضيفت له مقدمة بقلم رجل الدولة والفيلسوف البريطاني البارز دوغلاس غرانت ذَف أينسلي وقد تم تضمينها في جميع الطبعات اللاحقة.

ميراث برمهنسا يوغانندا الروحي

جميع كتاباته، ومحاضراته، وأحاديثه غير الرسمية

أسس برمهنسا يوغانندا* Self-Realization Fellowship في عام ١٩٢٠ لنشر تعاليمه في جميع أنحاء العالم وللحفاظ على نقائها وسلامتها للأجيال القادمة. لقد كان كاتباً ومحاضراً غزير الإنتاج منذ سنواته الأولى في أمريكا، ووضع مجموعة ضخمة ومشهورة من الأعمال حول علم اليوغا الخاص بالتأمل، وفن الحياة المتوازنة، والوحدة الأساسية لجميع الأديان الكبرى. اليوم، يستمر هذا الإرث الروحي الفريد والبعيد الأثر ويلهم الملايين من الباحثين عن الحقيقة في جميع أنحاء العالم.

وامتثالاً لرغبات المعلم العظيم الصريحة، استمرت Self-Realization Fellowship في أداء المهمة المتواصلة المتمثلة في نشر الأعمال الكاملة لبرمهنسا يوغانندا وإبقائها مطبوعة بشكل دائم. لا يشمل هذا فقط الطبعات النهائية لجميع الكتب التي نشرها إبان حياته، ولكن أيضاً العديد من العناوين الجديدة — الأعمال التي ظلت غير منشورة وقت انتقاله من هذا العالم في عام ١٩٥٢، أو التي تم نشرها في حلقات على مر السنين في صيغ غير مكتملة في مجلة Self-Realization Fellowship Magazine، إضافة إلى مئات المحاضرات والأحاديث غير الرسمية ذات الإلهام العميق التي تم تسجيلها والتي لم تنشر قبل رحيله.

لقد اختار برمهنسا يوغانندا ودرّب شخصياً أولئك التلاميذ المقربين منه الذين تولوا إدارة مجلس منشورات Self-Realization Fellowship منذ رحيله، وأعطاهم إرشادات محددة بشأن إعداد ونشر تعاليمه. إن أعضاء مجلس منشورات Self-Realization Fellowship (من رهبان وراهبات نذروا أنفسهم للزهد والخدمة الإيثارية) يحترمون تلك الإرشادات كأمانة مقدسة بحيث تستمر الرسالة العالمية لهذا المعلم العالمي المحبوب بقوّتها وأصالتها.

لقد تم تصميم شعار Self-Realization Fellowship (الذي يظهر على صفحة سابقة) بواسطة برمهنسا يوغانندا لتمييز المؤسسة غير الربحية التي أسسها بصفتها المصدر المعتمد لتعاليمه. إن اسم وشعار SRF يظهران على

---

* (جماعة معرفة الذات) لقد أوضح برمهنسا يوغانندا أن اسم Self-Realization Fellowship يعني «صحبة الله عن طريق معرفة الذات، ومصادقة جميع النفوس الباحثة عن الحقيقة». انظر أيضاً "الأهداف والمثل العليا لـ Self-Realization Fellowship".

جميع منشورات وتسجيلات Self-Realization Fellowship، مما يؤكد للقارئ أن العمل صادر عن المؤسسة التي أسسها برمهنسا يوغانندا وتنقل تعاليمه بالطريقة التي أراد هو إيصالها للجمهور.

—Self-Realization Fellowship

تم تدوين وإهداء هذا الكتاب بمودة إلى الراحل مهراجا شري مانيندرا تشاندرا نوندي من كاسمبازا، البنغال تقديراً لتقواه واعترافاً بفضله وسخائه على العديد من المشاريع والمنشآت الخيرية الجديرة بالاعتبار.

المحتويات

مقدمة

بقلم دوغلاس غرانت دَف آينسلي
(١٨٥٦-١٩٤٨)
(رجل دولة إنكليزي، شاعر، وفيلسوف؛ مندوب إلى
المؤتمر الدولي للفلسفة، جامعة هارفارد)

يتضمن هذا الكتاب الصغير دليل الكون. إن قيمته تعجز الكلمات عن تقديرها، لأن بين دفتيه تكمن ورود الفيدات والاوبانيشاد، وجوهر تعاليم باتانجالي أبرز شرّاح فلسفة وأساليب اليوغا، وأفكار شانكرا أعظم عقل بشري حلّ في جسد مادي على مر العصور. كل هذه وُضعت لأول مرة في متناول الجميع.

هنا الأقوال الرزينة المتأنية لواحد عثر في الشرق بعد الكثير من التطواف والتجوال على الحل للغز الوجود. لقد كشف الهندوس الحقيقة للعالم أجمع. وهذا أمر بديهي، لأننا عندما نفكر أنه منذ أكثر من خمسة آلاف عام، بينما كان أجداد البريطانيين والغال، واليونانيين واللاتينيين، يجوبون غابات أوروبا الشاسعة بحثاً عن الطعام، برابرة حقيقيون، كان الهندوس منخرطين بالفعل في التفكير العميق في سر الحياة والموت، الذي نعرف الآن أنه واحد.

النقطة الأساسية التي يجب ملاحظتها حول تعليم برمهنسا يوغانندا، على عكس تعاليم الفلاسفة الأوروبيين، مثل برجسون وهيجل وآخرين، هي أنه ليس تخمينياً، ولكنه عملي، حتى عند معالجته لأدق المسائل الميتافيزيقية. والسبب في ذلك هو أن الهندوس وحدهم نفذوا إلى ما وراء الحجاب، وامتلكوا المعرفة، التي هي في الحقيقة ليست فلسفية، أي مُحبة للحكمة، بل الحكمة بالذات. فعندما يتم التعبير عن هذه المعرفة بمصطلحات الجَدل اللفظي، يجب أن تضع نفسها بالضرورة أمام نقد الفلاسفة الذين تكون حياتهم، كما قال أفلاطون، مكرّسة بصورة دائمة للنقاش والجدال. الحقيقة لا يمكن التعبير عنها بالكلمات، وعندما تُستخدم الكلمات، حتى من قِبل شانكرا، يمكن للعقول النفّاذة أن تجد دوماً ثغرة للهجوم. المحدود، في الواقع، لا يمكنه استيعاب اللامحدود. الحقيقة ليست نقاشاً لا ينتهي. إنها الحقيقة. وعلى هذا الأساس فإنه فقط من خلال الإدراك الشخصي الفعلي، ومن خلال الممارسة أو الطريقة كالتي يقدمها برمهنسا يوغانندا، يمكن معرفة الحقيقة بما لا يدع مجالاً للشك.

كل العالم يرغب في الغبطة، كما يقول ويُثبت برمهنسا، لكن معظمهم ينخدعون بالرغبة في المتعة. إن بوذا نفسه لم يذكر أبداً بشكل أوضح أن الرغبة،

التي يتم تعقّبها عن جهل، هي التي تقود إلى مستنقع التعاسة الذي تتخبط فيه الغالبية العظمى من البشر بلا حول ولا قوة.

لكن بوذا لم يذكر بنفس الوضوح الطريقة الرابعة من بين الطرق الأربع للوصول إلى حالة الغبطة التي كلنا يرغب بها. هذه الطريقة الرابعة هي الأسهل إلى حد بعيد، ولكن تحقيقها الفعلي يحتاج إلى توجيه من خبير ضليع. هذا الخبير هو الآن بيننا ليقدّم للغرب الطريقة، والقواعد البسيطة، المتوارثة عبر القرون من فلاسفة الهند القدامى، والتي تفضي إلى المعرفة أو حالة الغبطة الدائمة.

يتم التأكيد دائماً على هذا الاتصال المباشر نظراً لأهميته الكبيرة في الفكر والممارسة الهندوسية. وحتى يومنا هذا ظل هذا الإدراك بعيداً عن متناول الجميع باستثناء بعض المحظوظين الذين قُدّر لهم الإقامة في الهند. الآن وقد توفر لدينا هذا الاتصال المباشر في الغرب، وهو بالفعل على أبوابنا، فليس من الحكمة إهماله أو الإعراض عن ممارسته التي تجلب غبطة متزايدة بحسب ما قال برمهنسا يوغانندا بصدق: «وتمنح غبطة أكثر وأنقى سروراً من أعظم متعة يمكن لأي من حواسنا الخمس أو العقل توفيرها لنا. ولا أرغب في إعطاء أي شخص أي دليل آخر على حقيقتها غير الذي يحصل عليه من تجربته الخاصة.»

الخطوة الأولى يمكن اتخاذها بمطالعة هذا الكتاب، والخطوات التالية اللازمة لبلوغ حالة الغبطة الكاملة سوف تتبع تلقائيا.

وأختتم مقدمتي هذه ببعض أبيات من قصيدتي «يوحنا الدمشقي» في محاولة مني لإعطاء فكرة بسيطة عن الذي يمكن بلوغه عن طريق هذا الكتاب. البوذا يتحدث، والذي بالنسبة لنا هو برمهنسا يوغانندا، لأن اللقب «بوذا» يعني «العارف المستنير».

وراح ينشد:
طال التشرُّد والهيام
مكبلاً بالأغلال والآلام
في حيواتٍ لا تُعد ولا تُحصى
وأحسستُ باشتعال الذات
ومخالب الشهوة العنيفة الضروس.

وواصلَ الإنشاد:
لكني وجدتها.. وجدتُ سبب
الذات المشتعلة والرغبة الجامحة.
فيا أيها المهندس الكوني
ما من بيتٍ سيُبنى لي بعد اليوم أبداً.

لقد تبعثرت الروافد وتحطمت أخشاب السقف.
لي النيرفانا، في متناولي، أمام عينيّ.
وإذا رغبتُ بالرحيل فقد أمضي الآن وللأبد إلى النعيم الأبدي
دون أن أترك أثراً لي في هذا المكان أو سواه.

ولكني أحملُ لكِ محبةً أيتها البشرية
وإنني هنا من أجلكِ فقط
لأصنعَ بيديَّ الجسر الذي إذا ما خطرتِ عليه
ستحرزين التحرر من الولادة والموت والألم
وتنعمين بالغبطة الأبدية.

إن صانع الجسور هو بيننا، وبيديه سيبني الجسر الذي يمكننا العبور فوقه،
ما دمنا نرغب صادقين في أن يبني الجسر لنا.

لندن، بريطانيا
فبراير/شباط ١٩٢٧

تمهيد

الروحانية الشاملة
للحضارة العالمية القادمة

نبذة تعريفية لهذه الطبعة الخاصة من علم الدين احتفالاً بالذكرى المئوية لوصول برمهنسا يوغانندا إلى الغرب وتأسيس مؤسسته العالمية Self-Realization Fellowship

في ١٩ سبتمبر/أيلول ١٩٢٠، وصلت مدينة سبارتا، أول سفينة بخارية تبحر من الهند إلى أمريكا بعد انتهاء الحرب العالمية الأولى، إلى ميناء تشيلسي في بوسطن. كان من بين ركابها النازلين "شخصية رائعة ومميزة"، كما وصفتها صحيفة بوسطن غلوب، "جاءت لحضور مؤتمر ديني في بوسطن وتخطط لاحقاً للقيام بجولة لإلقاء محاضرات عبر البلاد". كان برمهنسا يوغانندا في الحقيقة غير معروف في أمريكا عند وصوله، لكنه أصبح يُعرف فيما بعد باسم "أبو اليوغا في الغرب".

قبل ثلاثمائة عام، في خريف ١٦٢٠، نزل الحجاج المؤسسون لأمريكا جنوب بوسطن مباشرة، في بليموث. وقد أدى وصولهم إلى ولادة أمة جديدة أعلنت أن حرية الدين هي حق للشعب غير قابل للتصرف. وللاحتفال بالذكرى السنوية الثلاثمائة لهذا الحدث، نظمت جمعية التوحيد الأمريكية "اجتماع ذكرى الحجاج المئوية الثالثة" للمؤتمر الدولي لليبراليين الدينيين، الذي كان من المقرر أن يبدأ في أوائل أكتوبر/تشرين الأول ١٩٢٠، لمناقشة أهمية الحرية من وجهة نظر دينية. كان هذا المؤتمر التاريخي هو المكان الذي تمت فيه دعوة الشاب سوامي يوغانندا. حيث كان سيتحدث عن موضوع علم الدين، ويتناول أعلى درجات الحرية للبشرية: تلك التي تأتي من إدراك الوحدة الأبدية الثابتة لنفس الإنسان مع الله.

من بين منظمي الحدث كان تشارلز وندت، وهو كاهن توحيدي أمريكي شارك في تأسيس برلمان الديانات العالمية في شيكاغو عام ١٨٩٣، حيث نجح جنباً إلى جنب مع القادة الرواد التوحيديين الآخرين في هذا الجهد الجديد في استقطاب مندوبين دينيين من المعتقدات الدينية الأخرى من جميع أنحاء العالم. دعا ونديت وغيره من منظمي المؤتمر إلى بناء مؤسسة لـ "رابطة الأديان تكون بمثابة النظير والحليف لعصبة الأمم السياسية".

وكانت لتلك الرؤية قواسم مشتركة كثيرة مع رؤية برمهنسا يوغانندا. ففي

خطابه أمام مندوبي المؤتمر، أكد السوامي الروحانية العالمية الكامنة وراء جميع الأديان، وبعد بضع سنوات دعا إلى "عصبة النفوس وعالم موحد...تكون فيه كل أمة عضواً نافعاً، يوجهها الله من خلال ضمير الإنسان المستنير".

تم توجيه دعوة للسوامي يوغانندا لحضور مؤتمر عام ١٩٢٠ من خلال الأستاذ في كلية مدينة كلكتا الدكتور هيرامبا مايترا، الذي كان من المقرر أن يذهب كممثل عن حركة براهمو ساماج (وهي حركة إصلاح دينية في الهند ساعدت على تشكيل النهضة في البنغال)، ولكن اضطر إلى عدم الحضور بسبب المرض.

وورد في منشور New Pilgrimages of Spirit: "حضر مؤتمرنا سوامي يوغانندا جيري، بصفته ممثلاً عن حركة براهماتشاريا سانغا أشرم الإيمانية وألقى خطاباً مثيراً للإعجاب..."

كما أفاد المنشور: "بلغة إنكليزية فصحى وإلقاءٍ قوي قدّم [يوغانندا] خطاباً ذا طابع فلسفي عن "علم الدين".... وأكد أن الدين عالمي وهو واحد. لا يمكننا تعميم عادات وتقاليد معينة، ولكن يمكن تعميم العنصر المشترك في الدين، ويمكننا أن نطلب من الجميع على حد سواء اتباعه والامتثال له. وكما أن الله واحدٌ وضروري للجميع، كذلك الدين واحد وضروري وعالمي. ووحده المنظور البشري المحدود هو الذي يتجاهل العنصر الأساسي والعالمي في ما يسمى بأديان العالم المختلفة".

كان خطاب يوغانندا، الذي ألقاه في السادس من أكتوبر/تشرين الأول ١٩٢٠، في يونيتي هاوس بالقرب من بوسطن كومنز، أحد أهم الأحداث في تاريخ قبول وفهم أمريكا لعلم اليوغا الذي نشأ في الهند، حيث كان يمثل بداية عمل "الرجل الذي، أكثر من أي شخص آخر، جعل [اليوغا] متاحة للغرب."*

لم يكن السوامي الشاب القادم من الهند والنابض بالحياة يهدف إلى جعل مستمعيه يتحولون إلى الهندوسية، ولا إلى أي دين آخر. وبدلاً من ذلك، ركّز على العِلم العالمي الذي يكمن وراء جميع المسارات الدينية ويوحدها، وقال إن كل فرد، بغض النظر عن الانتماء الطائفي، يمكنه بالفعل أن يختبر الله كحقيقة حية في حياته أو حياتها. وقد لمس حديثه وتراً حساساً وعميقاً في بوسطن: هنا، وقبل بضعة عقود، كان ما سعى إليه أتباع الفلسفة المتعالية في نيو إنغلاند في خلوتهم وتأملهم — بلوغ حرية تتجاوز الحرية الاجتماعية والسياسية، والحصول على اختبار إلهي لا يعتمد على عقيدة أو مذهب.

---

* د. روبرت إس إلوود، أستاذ الديانة، جامعة جنوب كاليفورنيا في كتابه الجماعات الدينية والروحية في أمريكا الحديثة Religious and Spiritual Groups in Modern America (Routledge, ١٩٧٣)

لقد كان [يوغانندا] يقدم للغربيين مفهوماً جديداً تماماً للهدف من الدين، والغرض الحقيقي من الحياة — كيفية التخلص من الألم والمعاناة بشكل دائم والعثور على السعادة الدائمة بصوة الغبطة، وجود الله داخل النفس. وكان يقدّم، خطوة بخطوة، منهجية يمكن لأي شخص من خلالها اختبار هذه الغبطة بنفسه: تأمل اليوغا، علم الروح العالمي الذي تخصصت به الهند.

الحديث التاريخي، الذي يتضمن هذا الكتاب تفصيلاً له، كان المرة الأولى التي تحدّث فيها يوغانندا إلى الجمهور الغربي حول فعالية تأمل الكريا يوغا لتحقيق هذا الهدف العالمي. وقد حظيت خطبه اللاحقة حول هذا الموضوع بتغطية إعلامية في جميع الصحف الكبرى في الولايات المتحدة، وجذبت الآلاف من الباحثين الذين ملأوا كل مقعد في أكبر قاعات البلاد لتعلّم "علم الروح" القديم من هذا المتحدث المشحون بالمغناطيسية الإلهية.

وفي نفس العام مع وصوله التاريخي إلى الغرب، أسس يوغانندا المؤسسة التي أطلق عليها لاحقاً اسم Self-Realization Fellowship والتي تُعرف اختصاراً بـ (SRF) لنشر تعاليم الكريا يوغا في جميع أنحاء العالم. لقد كان لجهوده المتواصلة من أجل تعزيز عالمية الدين وتعليم أسمى علوم الدين تأثير عميق على نسيج الحياة الدينية والروحية بأكمله في الغرب.

بعد ذلك بسنوات، وفي استعراض لتاريخ وقائع مؤتمر ١٩٢٠، كتبت الرابطة الدولية للحرية الدينية (كما يُعرف مؤتمر الليبراليين الدينيين اليوم): "أحد المتحدثين البارزين في هذا المؤتمر الذي جمع أكثر من ٢٠٠٠ شخص كان برمهنسا يوغانندا، الذي يحظى اليوم باحترام كبير في الهند ويحظى بالإجلال والاعتبار في جميع أنحاء العالم كقديس. لقد عمل يوغانندا... دون توقّف من ١٩٢٠ وحتى ١٩٥٢ لتعزيز الفهم بين الشرق والغرب .... و[كان] أحد القادة الدينيين الأكثر نفوذاً واحتراماً من الشرق ممن عاشوا وعملوا في الغرب. خلال السنوات الـ ٣٢ التالية، كان أحد الرواد العظماء للقاء الشرق والغرب ولا يزال حتى اليوم المعلم الروحي المحبوب لملايين الأشخاص".

ومنذ وصوله إلى أمريكا، عمل بتفانٍ وبلا كلل على جلب حكمة الهند وأسمى أساليب التأمل للباحثين في جميع أنحاء العالم، ووضع الأساس لبداية حضارة عالمية جديدة قائمة على المبادئ الأبدية للروحانية العالمية، حيث يمكن للرجال والنساء التواصل شخصياً مع الله وبالتالي جلب وعيٍ أعلى وأكثر استنارة للمجتمع المدني والوطني ومعالجة الاهتمامات العالمية للأسرة البشرية.

وفي حين نحتفل بالذكرى المئوية التاريخية لوصول برمهنسا يوغانندا إلى الغرب وتأسيس مؤسسته، Self-Realization Fellowship، يحدونا الأمل — بالنسبة لكل الذين يتبعون بجدية مسار الكريا يوغا Kriya Yoga، وللإنسانية بشكل عام — بأن نخطو بسعادة وحماس نحو المائة عام القادمة من مسيرة SRF

حيث سيكتشف عدد متزايد من الباحثين عن الحقيقة الطرق الروحية العالمية لبلوغ أعلى درجات الحرية، ألا وهي تحرير النفس.

—*Self-Realization Fellowship*

عِلم الدين

مقدمة

الغرض من هذا الكتاب هو تحديد ما يجب أن يُفهم من الدين، من أجل معرفة أنه ضروري عالمياً وعملياً. كما يهدف إلى تقديم ذلك المظهر من فكرة الألوهية التي لها تأثير مباشر على الدوافع والأفعال في كل لحظة من حياتنا.

صحيح أن الله غير محدود في طبيعته ومظاهره. وصحيح أيضاً أن إعداد مخطط تفصيلي، على قدر ما يتوافق مع العقل، حول ماهية الله، هو مجرد دليل على حدود العقل البشري في محاولته سبر غور الله. ومع ذلك، من الصحيح أيضاً أن العقل البشري، على الرغم من كل عيوبه، لا يمكنه أن يرضى تماماً بما هو محدود. إذ لديه دافع طبيعي لتفسير ما هو بشري ومحدود في ضوء ما هو فوق الطبيعة البشرية ولانهائي — ما يشعر به ولكن لا يمكنه التعبير عنه، ما يكمن ضمناً في داخله ولكن في بعض الظروف يمتنع عن أن يكون واضحاً جلياً.

إن مفهومنا العادي عن الله هو أنه فوق البشر، غير محدود، كلي الوجود، كلي المعرفة، وما شابه. في هذا المفهوم العام هناك العديد من الاختلافات. البعض يدعو الله شخصياً، والبعض يراه غير شخصي. النقطة التي يتم التأكيد عليها في هذا الكتاب هي أنه مهما كان مفهومنا عن الله، إن كان لا يؤثر على سلوكنا اليومي، وإن لم تجد الحياة اليومية فيه مصدر إلهام، وإن لم يُنظر إليه على أنه ضروري عالمياً، فإن مثل هذا المفهوم هو عديم الفائدة.

إذا لم يتم تصوّر الله على نحو لا يمكننا الاستغناء عنه في تحقيق حاجة، في تعاملاتنا مع الناس، في كسب المال، في قراءة كتاب، في اجتياز امتحان، في القيام بأصغر أو أعظم الواجبات، فمن الواضح أننا لم نشعر بأي صلة بين الله والحياة.

قد يكون الله غير محدود، كلي الوجود، كلي المعرفة، شخصياً، ورحيماً، لكن هذه المفاهيم ليست مقنعة بما يكفي لتجعلنا نحاول معرفته. بل ويمكننا والحالة هذه تدبّر أمورنا بدونه. هو قد يكون غير محدود، موجود في كل مكان، وما إلى ذلك، لكن لا يمكننا الاستفادة مباشرة وبطريقة عملية من تلك المفاهيم في حياتنا المتسارعة والحافلة بالأعمال.

إننا نستند إلى تلك المفاهيم فقط عندما نسعى لأن نسوّغ، في كتاباتنا الفلسفية والشاعرية، في الفن أو في المحادثات المثالية، حنيننا إلى شيءٍ بعيد وفي غير المتناول. أو عندما نكون، مع كل معرفتنا التي نتفاخر بها، في حيرة من أمرنا لتفسير بعض أكثر ظواهر الكون شيوعاً، أو عندما تتقطع بنا السبل

في التقلبات التي يشهدها العالم. وكما يقول المثل الشرقي «نصلّي إلى الرحمن الرحيم عندما نَعلق ونتعثّر» [صَلَّى وَصَامَ لأَمْرٍ كَانَ يَطْلُبُهُ]. وبخلاف ذلك، يبدو أن أمورنا تسير على ما يرام في القيام بأعمالنا اليومية بدونه.

يبدو أن هذه المفاهيم النمطية هي صمامات الأمان لفكرنا البشري المكبوت. إنها تشرحه لنا لكن لا تجعلنا نطلبه. لأنها تفتقر إلى قوة دافعة. نحن لا نسعى بالضرورة إلى الله عندما ندعوه غير محدود، كلي الوجود، كلي الرحمة وكلي المعرفة. هذه المفاهيم تُرضي العقل لكنها لا تريح النفس. إن احترمناها وجعلناها قريبة من قلوبنا، فقد توسّع مداركنا إلى حد معين — وقد تجعلنا أخلاقيين وميّالين للتوجه إلى الله. لكنها لا تجعل الله خاصتنا — فهي ليست حميمة بما فيه الكفاية. إنها تجعله في منأى عن هموم واهتمامات العالم اليومية.

هذه المفاهيم تبدو غريبة وغير مألوفة عندما نكون في الشارع أو في مصنع أو خلف «الكاونتر» أو في مكتب. ليس لأننا في الحقيقة غير مهتمين بالله والدين، بل لأننا نفتقر إلى تصوّر مناسب لهما — إلى مفهوم يتشابك مع نسيج الحياة اليومية. ما نتصوره عن الله يجب أن يكون إرشاداً لنا في كل يوم، بل في كل ساعة. ويجب أن يدفعنا مفهوم الله ذاته إلى البحث عن الله في خضم حياتنا اليومية. هذا ما نعنيه بمفهوم عملي ومقنع عن الله. يجب أن نُخرج الدين والله من دائرة الاعتقاد إلى مجال الحياة اليومية.

إذا لم نؤكّد على ضرورة وجود الله في كل جانب من جوانب حياتنا وعلى الحاجة للدين في كل دقيقة من وجودنا، فإن الله والدين يسقطان من اهتمامنا اليومي العميق ويصبحان أمراً لا يعنينا سوى مرة واحدة في الأسبوع فقط. في الجزء الأول من هذا العمل، بُذلت محاولة لإظهار أنه من أجل فهم الضرورة الحقيقية لله والدين، يجب أن نركّز على المفهوم لكليهما الأكثر صلة بالهدف الرئيسي لتصرفاتنا في كل يوم وفي كل ساعة.

كما يهدف هذا الكتاب أيضاً إلى إظهار عالمية الدين ووحدته. لقد كانت هناك ديانات مختلفة في عصور مختلفة. وكان هناك جدل محتدم، وحروب طويلة، والكثير من إراقة الدماء بسبب تلك الديانات. لقد قام دينٌ ضد آخر، وقاتلت طائفة ضد طائفة أخرى. ولا توجد مجموعات من الأديان فحسب، بل يوجد أيضاً تنوّع كبير في المذاهب والآراء داخل نفس الدين. لكن السؤال الذي يطرح نفسه هو: عندما يكون هناك إله واحد، فلماذا يجب أن يكون هناك الكثير من الأديان؟

يمكن القول إن مراحل معينة من النمو الفكري وأنماط خاصة من العقليات التي تنتمي إلى أمم معينة، بسبب المواقع الجغرافية المختلفة

والظروف الخارجية الأخرى، تحدد أصل الديانات المختلفة، مثل الهندوسية والإسلام والبوذية للآسيويين، والمسيحية للغربيين، وهكذا دواليك. إذا كنا لا نعرف من الدين سوى الممارسات، والمعتقدات الخاصة، والعقائد، والعادات، والأعراف، فقد تكون هناك أسباب لوجود العديد من الأديان. ولكن إذا كان الدين يعني في المقام الأول الوعي الإلهي، أو معرفة الله في الداخل والخارج، وثانياً مجموعة من المعتقدات والعقائد والمذاهب، حينئذٍ، وبالمعنى الدقيق للكلمة، لا يوجد سوى دين واحد في العالم، لأنه لا يوجد سوى إله واحد.

يمكن اعتبار العادات، وأشكال العبادة، والمعتقدات، والأعراف المختلفة بأنها الأسس للجماعات الدينية والطوائف المختلفة التي تندرج تحت هذا الدين الواحد. إذا تم فهم الدين بهذه الطريقة، فعندئذ فقط يمكن الحفاظ على عالميته. لأننا لا نستطيع إضفاء الطابع العالمي على عادات وأعراف معينة. إنما يمكن فقط تعميم العنصر المشترك بين جميع الأديان ويمكننا الطلب من الجميع اتباعه ومراعاته. وفي تلك الحالة، يمكن القول حقاً إن الدين ليس ضرورياً فحسب، بل هو عالمي أيضاً. ويمكن للجميع اتباع نفس الدين، لأنه لا يوجد في جميع الأديان سوى عنصر واحد ـــ هو العنصر العالمي الذي لا يختلف من دين إلى آخر.

لقد حاولتُ أن أبيّن في هذا الكتاب أنه بما أن الله واحد وضروري لنا جميعاً، هكذا الدين أيضاً واحد وضروري وعالمي. فقط الطرق المؤدية إليه قد تختلف في بعض جوانبها في البداية. في واقع الأمر، من غير المنطقي أن نقول إن هناك ديانتين، في حين لا يوجد سوى إله واحد. قد يكون هناك مِلّتان أو طائفتان، لكن هناك دين واحد فقط. ما نسميها الآن ديانات مختلفة يجب أن تُعرف بالملل أو الطوائف المختلفة المتفرعة عن هذا الدين العالمي الواحد. وما نعرفه الآن على أنه ملل وطوائف مختلفة يجب تحديده على أنه مذاهب أو عقائد فرعية مختلفة. إذا عرفنا مرة واحدة معنى كلمة «دين»، والتي سأناقشها الآن، فسنكون بطبيعة الحال متحفظين للغاية في استخدامها. المنظور البشري المحدود هو وحده الذي يتجاهل العنصر العالمي الأساسي في ما يسمى بأديان العالم المختلفة، وهذا التجاهل كان السبب في العديد من الشرور.

هذا الكتاب يقدّم تعريفاً سيكولوجياً للدين، وليس تعريفاً موضوعياً قائماً على مذاهب أو معتقدات. بعبارة أخرى، يهدف إلى جعل الدين مسألة تتعلق بمجمل كياننا الداخلي وتوجهاتنا، وليس مجرد مراعاة لبعض القواعد والتعاليم.

القسم ١

عالمية الدين، وضرورته ووحدته

الهدف المشترك للحياة

أولاً يجب أن نعرف ما هو الدين. عندها فقط يمكننا أن نحكم على ما إذا كان من الضروري لنا جميعاً أن نكون متدينين.

لا يوجد عمل بدون ضرورة. كل عمل نقوم به له غاية خاصة به ونقوم بأداء ذلك العمل من أجل تحقيق تلك الغاية. يعمل الناس في العالم بشكل مختلف لتحقيق غايات مختلفة. وهناك العديد من الغايات التي تحدد أفعال الناس في العالم.

ولكن هل هناك أي غاية مشتركة وذات طابع عالمي لكل أفعال جميع الناس في العالم؟ وهل هناك ضرورة أسمى مشتركة لنا جميعاً تدفعنا إلى القيام بكل الأعمال؟ إن قليلاً من التحليل لدوافع وغايات أفعال الناس في العالم يُظهر أنه على الرغم من وجود ألف غاية من الغايات المتقاربة أو المباشرة للناس فيما يتعلق بمهام أو مهن معينة يزاولونها، فإن الغاية النهائية — التي تتبعها كل الغايات الأخرى — هي تجنب الألم والحاجة، وتحقيق الغبطة أي الرضا التام الدائم. سواء كان بإمكاننا تجنّب الألم والحاجة بشكل دائم، والحصول على الغبطة، فتلك مسألة منفصلة. لكننا في جميع أفعالنا نحاول، على نحوٍ بَيِّن، تجنب الألم والحصول على المتعة. لماذا يعمل الشخص كمتدرب؟ لأنه يرغب في أن يصبح خبيراً في عمل معين. ولماذا ينخرط في هذا العمل بالذات؟ لأنه يمكنه بواسطته كسب المال. ولماذا يتوجب عليه كسب المال على الإطلاق؟ لأنه سيسِدّ بذلك الاحتياجات الشخصية والعائلية. ولماذا يتعين سَدّ الاحتياجات؟ لأنه بذلك يزول الألم ويتم تحقيق السعادة.

في الحقيقة، السعادة والغبطة ليسا نفس الشيء. نهدف جميعنا إلى الغبطة، ولكن من خلال خطأ كبير نتخيّل أن المتعة والسعادة هما الغبطة. أما كيف حدث ذلك فسأقوم الآن بشرحه. الدافع النهائي هو في الحقيقة الغبطة، التي نشعر بها في داخلنا. لكن السعادة — أو المتعة — حلّت محلّها، من خلال سوء فهمنا، وأصبحت المتعة تعتبر الدافع النهائي.

وهكذا نرى أن سَدّ بعض الحاجيات، والتخلص من بعض الآلام الجسدية أو العقلية من أقلّها إلى أشدّها، وتحقيق الغبطة هي غايتنا القصوى. وقد لا

نستعلم أكثر عن سبب تحصيل الغبطة، لأنه لا يمكن إعطاء إجابة على ذلك. تلك هي غايتنا القصوى، بغض النظر عما نفعله — سواء الشروع في عمل تجاري، أو كسب المال، أو البحث عن أصدقاء، أو تأليف الكتب، أو اكتساب المعرفة، أو السيطرة على الممالك أو التبرع بالملايين، أو استكشاف البلدان، أو السعي إلى الشهرة، أو مساعدة المحتاجين، أو القيام بالأعمال الخيرية، أو معانقة الاستشهاد. وسيتضح أن طلب الله يصبح حقيقة واقعة بالنسبة لنا عندما يتم التركيز على غايتنا الحقيقية. قد تكون الخطوات بالملايين، وقد تكون الأفعال والدوافع البينية لا حصر لها؛ لكن الدافع النهائي هو نفسه دائماً — تحقيق الغبطة أو الرضا الدائم، حتى لو كان ذلك من خلال سلسلة طويلة من الأفعال.

الإنسان يحب عادة متابعة السلسلة للوصول إلى الغاية النهائية. فهو قد ينتحر للتخلص من بعض الألم، أو يرتكب جريمة قتل للتخلص من شكل من أشكال العوز أو الألم أو بعض نغزات القلب القاسية، معتقداً أنه سيحصل بذلك على رضا أو راحة حقيقية، ومحتسباً من قبيل الخطأ أن ما سيحصل عليه هو الغبطة. لكن النقطة التي يجب ملاحظتها هي أنه يعمل هنا أيضاً (مع أن الطريقة خاطئة) لبلوغ الغاية النهاية.

قد يقول أحدهم: «أنا لا أهتم بأي من المتعة أو السعادة. إنني أعيش لتحقيق شيء ما، لإحراز النجاح». ويقول آخر: «أريد أن أفعل الخير في العالم. لا يهمني ما إذا كنت أتألم أم لا». لكن إذا دققت في عقليّ هذين الشخصين، ستجد أنهما يعملان لتحقيق نفس الهدف الذي هو السعادة. هل يريد الرجل الأول نجاحاً لا لذة ولا سعادة في تحقيقه؟ وهل يريد الثاني أن يفعل الخير للآخرين، دون أن يشعر بالسعادة في القيام بذلك؟ من الواضح لا. فهما قد لا يمانعان التعرّض لقدْرٍ هائل من الآلام الجسدية أو المعاناة النفسية التي يسببها الآخرون، أو تلك الناجمة عن ظروف عَرَضية جراء السعي لتحقيق النجاح أو فعل الخير للآخرين. لكن لأن أحدهما يشعر برضاء كبير في النجاح والآخر يستمتع بشدة بالسعادة المتحصلة من فعل الخير للآخرين، فإن الأول يطلب النجاح، والآخر يسعى إلى خير الآخرين، على الرغم من المشاكل الطارئة.

حتى الدافع الأكثر إيثاراً، كهدف بحد ذاته، وكذلك النية الأكثر صدقاً للنهوض بخير الإنسانية، قد نشأ كلاهما من الدافع الأساسي لتحصيل سعادة شخصية بتهذيب النفس، رغبة في الاقتراب من الغبطة. لكنها ليست سعادة الوصولي ضيق الأفق. إنها سعادة الشخص الواسع الصدر والباحث عن تلك «الذات النقية» الموجودة بداخلكم وبداخلي وداخل الجميع. هذه السعادة هي

غبطة، إنما ليست نقية تمام النقاء. لذلك، مع الغبطة الخالصة كدافع شخصي للعمل الإيثاري، لا يعرّض الشخص الإيثاري نفسه لهجمة الأنانية الضيقة، لأنه لا يمكن للمرء أن ينعم بالغبطة الخالصة ما لم يكن على قدر من رحابة الصدر بحيث يرغب بتلك الغبطة للآخرين ويسعى لتوفيرها لهم أيضاً. وهذا ما يقتضيه القانون الكوني.

التعريف العالمي للدين

لذلك، إذا تم تتبُّع دوافع أفعال جميع الناس أبعد فأبعد، فسيكون الدافع النهائي هو نفسه بالنسبة للجميع — التخلص من الألم وتحقيق الغبطة. وبما أن هذه الغاية هي عالمية، فيجب النظر إليها على أنها الأكثر ضرورة. وما هو عالمي وأكثر ضرورة للإنسان هو بالطبع دين بالنسبة له. ومن ثم، فإن الدين بالضرورة يقوم على التخلص من الألم بشكل دائم وتحقيق الغبطة أو الله. والأفعال التي يجب أن نتبناها من أجل التجنب الدائم للألم وتحقيق الغبطة أو الله تدعى أعمالاً دينية. وإذا فهمنا الدين على هذا النحو، فإن عالميته تصبح واضحة. إذ لا أحد يستطيع أن ينكر رغبته في تجنب الألم بشكل دائم وتحقيق الغبطة الدائمة. يجب الاعتراف بهذا عالمياً، حيث لا يمكن لأحد أن ينكر حقيقته. لأن وجود الإنسان ذاته مرتبط به.

الجميع يريدون العيش لأنهم يحبون الدين. حتى لو انتحر الشخص فذلك لأنه يحب الدين أيضاً؛ لأنه بإقدامه على فعل ذلك يعتقد أنه سيصل إلى حالة أسعد من التي يختبرها أثناء حياته. ومهما يكن من أمر، يعتقد أنه سيتخلص من بعض الألم الذي يضايقه. في هذه الحالة، دينه بدائي غير ناضج، ومع ذلك فهو دينٌ بالنسبة له. هدفه صحيح تماماً، وهو نفس الهدف الذي لكل الأشخاص؛ فجميعهم يريدون الحصول على السعادة أو الغبطة. لكن وسائله غير حكيمة. وبسبب جهله، لا يعرف ما الذي سيقوده إلى الغبطة التي هي هدف كل الناس.

ما معنى أن يكون الإنسان متديناً؟

بالنتيجة، كل إنسان في العالم إلى حدٍ ما متدين، بقدر ما يحاول الجميع التخلص من العوز والألم، وتحصيل الغبطة. الكل يعمل من أجل نفس الهدف. لكن بالمعنى الدقيق للكلمة، هناك قلة فقط في العالم متدينون، لأن قلة فقط في العالم، على الرغم من أن لديهم نفس الهدف مثل كل الآخرين، يعرفون أكثر الوسائل فعالية للتخلص بشكل دائم من كل الألم أو العوز —

المادي والعقلي أو الروحي — وتحصيل الغبطة الحقيقية.

لا يمكن للمريد الصادق أن يحمل مفهوماً تقليدياً ضيقاً وصارماً للدين، على الرغم من أن هذا المفهوم مرتبط ارتباطاً بعيداً، بالمفهوم الذي أستعرضه. إذا لم تذهب لبعض الوقت إلى أماكن العبادة، أو تحضر أياً من الطقوس والشعائر التي تقام بهما، على الرغم من سلوكك مسلكاً دينياً في حياتك اليومية من خلال مراعاتك للهدوء والتوازن والتركيز والعمل الخيري واستخلاص السعادة من أكثر المواقف صعوبة، عندئذٍ فإن الأشخاص من ذوي المفهوم التقليدي البحت أو النزعة الضيقة سيهزّون رؤوسهم ويعلنون أنه على الرغم من أنك تحاول أن تكون صالحاً، إلا أنك لا تزال، من وجهة نظر الدين أو في نظر الله، «عرضة للسقوط» لأنك لم تدخل مؤخراً حرم الأماكن المقدسة.

مع أنه بالطبع لا يمكن أن يكون هناك أي عذر مقبول للابتعاد بشكل دائم عن هذه الأماكن المقدسة، فمن ناحية أخرى، لا يمكن أن يكون هناك أي سبب مشروع لكون المرء أكثر تديناً لحضوره دار العبادة، إذا في نفس الوقت، أهمل في حياته اليومية، تطبيق المبادئ التي يؤيدها الدين: تلك المبادئ التي تساعد في نهاية المطاف على تحقيق الغبطة الدائمة. الدين غير مُفصّل على مقاس أماكن العبادة، ولا يرتبط بالطقوس التي تُؤدّى فيها. إذا كنت تحمل شعوراً من التبجيل والتقديس، وإذا كنتَ تعيش حياتك اليومية دائماً بهدف جلب وعي الغبطة الهادئ إليها، فستكون متديناً خارج مكان العبادة تماماً كما في داخله.

بالطبع لا ينبغي أن يُفهم هذا على أنه حجة لترك أماكن العبادة، والتي عادة ما تقدّم مساعدة حقيقية من نواح كثيرة. النقطة المهمة هي أنه يجب عليك بذل نفس القدر من الجهد خارج ساعات أماكن العبادة للحصول على السعادة الأبدية كما لو كنت تجلس داخل أماكن العبادة وتستمتع دون مجهود لإحدى المواعظ. ليس لأن الاستماع للمواعظ بحد ذاته غير حسن، فهو بكل تأكيد جيّد ومفيد.

الدين «يقيّدنا» بقوانين الخير

كلمة «الدين» مشتقة من الكلمة اللاتينية *religare*، يقيّد. ماذا يقيّد، ومن الذين يقيّدهم، ولماذا؟ وبغض النظر عن أي تفسير تقليدي، فمن المنطقي أننا «نحن» المقيدون. وما الذي يقيدنا؟ بالطبع ليست سلاسل أو أغلال. يمكن القول إن الدين لا يُقيّدنا سوى بقواعد أو قوانين أو أوامر. ولماذا؟ كي يجعلنا

عبيداً؟ وكي يحرمنا من حق التفكير الحر أو حرية التصرّف؟ هذا غير معقول. مثلما يجب أن يكون للدين دافع معقول، فينبغي أن يكون دافعه من «تقييدنا» جيداً أيضاً. وما هو هذا الدافع؟ الجواب العقلاني الوحيد الذي يمكننا تقديمه هو أن الدين يقيّدنا بقواعد وقوانين وأوامر حتى لا ننحدر ونتدهور، وحتى لا نكون في حالة من التعاسة والشقاء ــــ جسدياً أو عقلياً أو روحياً.

نحن نعرف المعاناة الجسدية والعقلية. لكن ما هي المعاناة الروحية؟ هي أن نكون في جهل بالروح الإلهي. وبالرغم من عدم ملاحظته في كثير من الأحيان فهو دائم الوجود في كل مخلوق محدود، في حين يأتي الألم الجسدي والألم العقلي ويزولان. وهل من دافع آخر لكلمة «يقيّد» غير ما ذُكر أعلاه يمكن أن ننسبه إلى الدين دون أن يكون بلا معنى أو يبعث على النفور؟ من الواضح أن الدوافع الأخرى، إن وُجدت، يجب أن تكون خاضعة للدافع الذي تقدم ذكره.

ألا يتفق تعريف الدين «يقيّد» الذي تم تقديمه قبلاً مع الدافع المذكور أعلاه والذي يمثل المعنى الأساسي للدين؟ قلنا إن الدين يتكون جزئياً من التجنب الدائم للألم والبؤس والمعاناة. وبما أن الدين لا يمكن أن يكمن فقط في التخلص من شيء مثل الألم، فلا بد أن يكمن أيضاً في الحصول على شيء آخر. ولا يمكن أن يكون سلبياً تماماً، بل يجب أن يكون إيجابياً أيضاً. وكيف يمكننا التخلص نهائياً من الألم دون التمسك بنقيضه ـــــ الغبطة؟ وعلى الرغم من أن الغبطة ليست بالمعنى الدقيق نقيضاً للألم، إلا أنها، على أي حال، وعيٌ إيجابي يمكننا التمسك به من أجل الابتعاد عن الألم. بالطبع لا يمكننا أن نظل معلقين على الدوام في فضاء من شعور محايد لا هو بالألم ولا بنقيضه. أكرر أن الدين لا يقتصر فقط على تجنب الألم والمعاناة، ولكن أيضاً في إحراز الغبطة أو الله (سيتم فيما بعد شرح كيف أن الغبطة والله مترادفان من منظور معيّن).

وهكذا، من خلال النظر إلى الدافع الذي يكمن في المعنى الأساسي للدين (التقييد) نصل إلى نفس تعريف الدين الذي توصلنا إليه من خلال تحليل دافع الإنسان للعمل.

الدين هو مسألة أسس جوهرية

الدين هو مسألة أسس جوهرية. في نهاية المطاف، إذا كان دافعنا الأساسي هو البحث عن الغبطة، أو السعادة، وإن لم يكن هناك من فعلٍ واحد

نفعله، أو لحظةٍ واحدة نعيشها دون ارتباطهما بهذا الدافع النهائي، أفلا ينبغي لنا أن نعتبر هذه الرغبة العميقة الأكثر عمقاً في الطبيعة البشرية؟ وماذا يمكن أن يكون الدين إذا لم يتداخل بطريقة أو بأخرى مع الرغبة العميقة في الطبيعة البشرية؟ ولكي يكون للدين قيمة حياتية، يجب أن يرتكز على غريزة الحياة أو التوق والاشتياق. وهذا إقرار بديهي لمفهوم الدين الوارد في هذا الكتاب.

إذا أجاب أحدهم أن هناك العديد من الغرائز البشرية الأخرى (مثل اجتماعية، حب البقاء أو الحفاظ على الذات، وما إلى ذلك) إلى جانب الرغبة في السعادة، وتساءلَ لماذا لا يجب أن نفسّر الدين على ضوء تلك الغرائز أيضاً، فالإجابة أن هذه الغرائز إما خاضعة لغريزة السعي وراء السعادة أو أنها مرتبطة ارتباطاً وثيقاً بالغرائز الأخرى بحيث لا يمكنها التأثير بشكل جوهري على تفسيرنا للدين.

وللعودة مرة أخرى إلى الحجة السابقة فإن ما هو عالمي وأكثر ضرورة للإنسان هو دين بالنسبة له. إذا كان الشيء الأكثر ضرورة وعالميةً ليس ديناً بالنسبة له، فماذا يمكن أن يكون؟ بالطبع لا يمكن أن يكون ما هو أكثر مصادفةً وتقلّباً. إذا حاولنا أن نجعل المال الشيء الوحيد الذي يتطلب الاهتمام في الحياة، فإن المال يصبح ديناً بالنسبة لنا ـــ أي يصبح «الدولار معبودنا». ومهما يكن الدافع الرئيسي المهيمن في الحياة فإنه دينٌ بالنسبة لنا.

إن وضعنا هنا التفسير التقليدي جانباً، فإن مبادئ السلوك ـــ وليس الاعتناق العقلي للعقائد أو الطقوس المُتبعة ـــ هي التي تحدد ديننا دون الحاجة إلى إعلاننا الشخصي عن الدين الذي نتبعه. لا حاجة أن ننتظر عالم الدين أو الكاهن كي يسمّي لنا طائفتنا أو ديننا ـــ فمبادئنا وأفعالنا لها مليون لسان لتخبرنا وتخبر الآخرين عنهما.

الجزء المهم في ذلك هو أنه مهما كان الشيء الذي نعبده حصرياً وبتشبث أعمى هو دوماً الدافع الأساسي الأوحد لعبادتنا. يعني إذا جعلنا كسب المال أو العمل أو تحصيل ضروريات الحياة أو كمالياتها بداية ونهاية وجودنا، يبقى هناك دافعٌ أعمق يكمن وراء أفعالنا: إننا نسعى للحصول على تلك الأشياء من أجل التخلص من الألم وجلب السعادة. وهذا الدافع الأساسي هو الدين الحقيقي للإنسانية. الدوافع الثانوية الأخرى تشكل ديانات وهمية. ولأن الدين لا يُفهم بطريقة عالمية، فقد تم إقصاؤه من مجال الاهتمامات المباشرة للإنسان، أو أصبح الكثير من الناس يعتبرونه ملهاة عصرية

للنساء، أو للمسنين والعاجزين.

الدين العالمي هو ضرورة براغماتية

وهكذا نرى أن الدين العالمي (أو الدين المتصوَّر بهذه الطريقة العالمية) هو ضروري عملياً أو براغماتياً. وضرورته ليست مصطنعة أو قسرية. وعلى الرغم من أن ضرورته تُدرَك في القلب، إلا أننا للأسف لسنا دوماً على دراية تامة بها. فلو كنا كذلك، لكان الألم قد اختفى من العالم منذ زمن بعيد. لأنه في العادة، ما يعتقد الإنسان أنه ضروري حقاً، سوف يسعى إليه بالرغم من كل المخاطر. إذا اعتقد الشخص أن كسب المال ضروري بالفعل لإعالة أسرته، فلن يتوانى عن اقتحام المخاطر لتأمينه. إنه لأمر مؤسف أننا لا نعتبر الدين ضرورياً بنفس الطريقة. بدلاً من ذلك، نعتبره زينة وزخرفاً وليس مكوّناً أساسياً من حياة الإنسان.

ومن المؤسف أيضاً أنه على الرغم من أن هدف كل إنسان في هذا العالم هو بالضرورة ديني، حيث إنه يعمل دائماً للتخلص من العوز وتحقيق السعادة، ولكن بسبب بعض الأخطاء الجسيمة، فقد تم توجيهه بشكل خاطئ ودفعه إلى التفكير بأن الدين الصحيح بحسب التعريف الذي قدمناه للتو، هو ضئيل الأهمية.

وما هو سبب ذلك؟ لماذا لا ندرك الضرورة الحقيقية بدلاً من الذي يبدو غير هام؟ الجواب هو: الطرق الخاطئة للمجتمع وتعلقاتنا الحسية.

إن الصحبة التي نحتفظ بها هي التي تحدد لنا الضرورة التي نشعر بها تجاه أشياء مختلفة. لنأخذ في الاعتبار تأثير الأشخاص والظروف. إذا كنت ترغب في جعل شخص غربي ينحو منحى الشرقيين فضعه في وسط الآسيويين. أو إذا كنت ترغب في جعل شخص شرقي يتطبع بطباع الغربيين فضعه بين الأوروبيين — ولاحظ النتائج.

الأمر واضح وحتمي. يتعلم الشخص الغربي أن يحب التقاليد، والعادات، واللباس، وأنماط الحياة والفكر، وكيفية النظر إلى الأشياء من منظور شرقي، ويصبح الشخص الشرقي كواحد من الغربيين. يبدو أن معيار الحقيقة ذاته يختلف بالنسبة لهما.

ومع ذلك، يتفق معظم الناس على شيء واحد وهو أن حياتهم الدنيوية، بما فيها من هموم ومباهج، ورفاهية وبؤس، تستحق العيش. لكن نادراً ما يذكّرنا أحد، أو قد لا يذكّرنا أبداً بضرورة الدين العالمي، ولذلك نبقى غافلين عنه وغير مدركين لأهميته.

من البديهي أن الإنسان نادراً ما ينظر إلى ما وراء الدائرة التي يوضع فيها. فهو يبرّر، ويتبع، ويقلّد، ويحاكي كل ما يقع داخل دائرته الخاصة ويشعر بأنه معيار الفكر والسلوك. وكل ما هو خارج مجاله الخاص يتجاهله أو يقلل من أهميته. المحامي، على سبيل المثال، سيثني على ما يتعلق بالقانون ويوليه انتباهاً أكبر؛ أما الأشياء الأخرى ستكون، كقاعدة عامة، أقل أهمية بالنسبة له.

غالباً ما تُفهم الضرورة البراغماتية أو العملية للدين العالمي على أنها مجرد ضرورة نظرية، حيث يعتبر الدين موضوع اهتمام فكري. إذا عرفنا المثل الديني الأعلى من خلال عقلنا فقط، نعتقد بذلك أننا بلغنا هذا المثل وأننا لسنا مطالبين بأن نحققه أو نطبقه في حياتنا.

إنه لخطأ كبير من جانبنا أن نخلط بين الضرورة البراغماتية والضرورة النظرية. ربما يعترف كثيرون، بقليل من التفكّر، بأن الدين العالمي هو بالتأكيد التجنب الدائم للألم والإدراك الواعي للغبطة، لكن القليل منهم يعرف أهمية هذا الدين والضرورة العملية التي ينطوي عليها.

برمهنسا يوغانندا مع بعض المندوبين إلى المؤتمر الدولي للمتدينين التحررين في بوسطن، ماساتشوستس، أكتوبر/تشرين الأول ١٩٢٠ حيث تحدث شري يوغانندا إلى الجمع المميز عن «علم الدين».

يونيتي هاوس، المكان الذي شهد وقائع المؤتمر الدولي للمتدينين التحررين

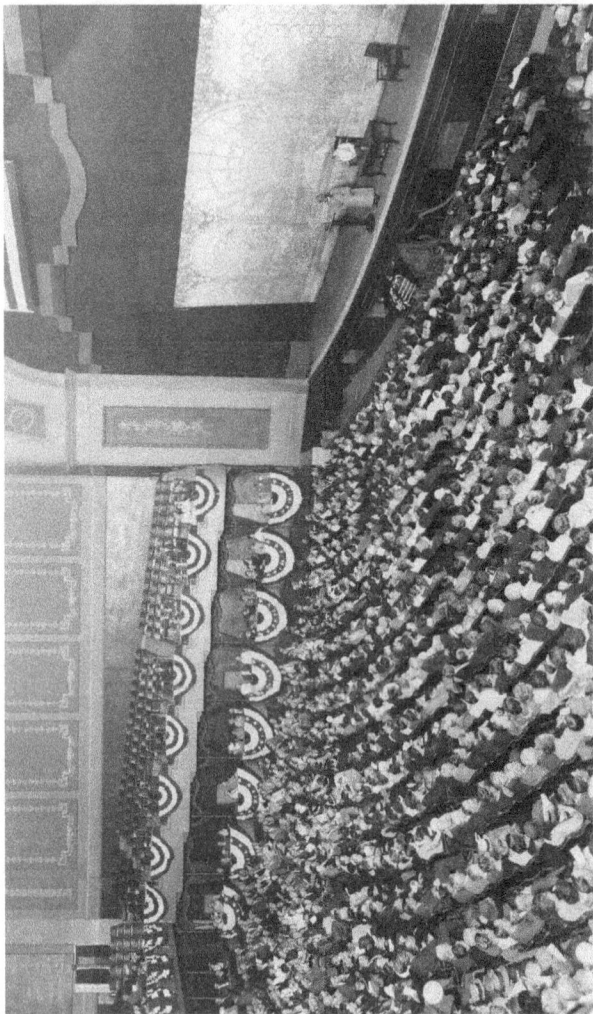

برمهنسا يوغانندا يلقي كلمة في دنفر، كولورادو، أغسطس/آب ١٩٢٤

برمهنسا يوغانندا في نيويورك عام ١٩٢٦

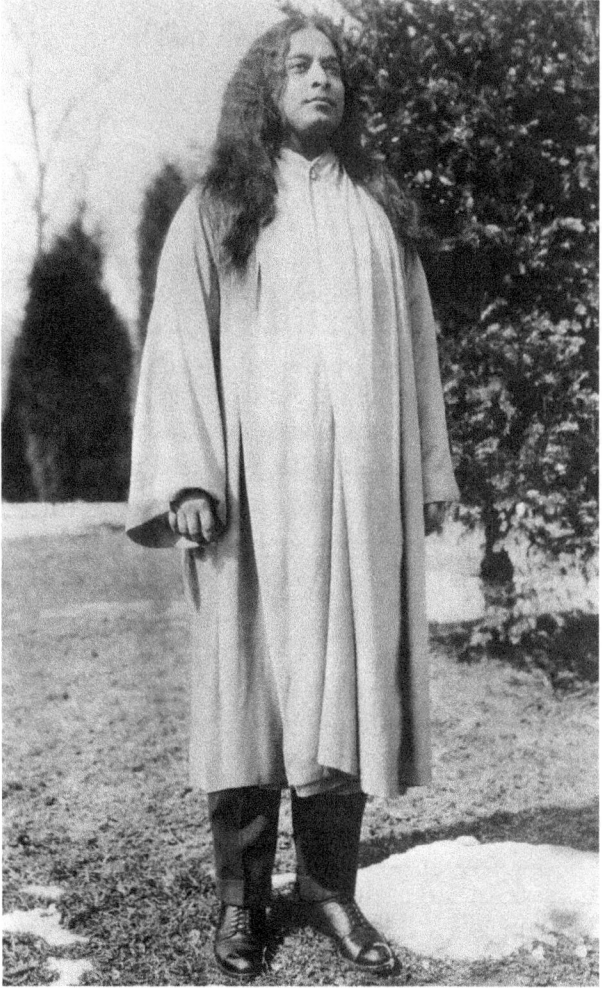

القسم ٢

الألم، المتعة، والغبطة: الفوارق بينها

السبب النهائي للألم والمعاناة

من الضروري الآن أن نتحرى السبب النهائي، العقلي والجسدي، للألم والمعاناة الذي يتألف منه الدين العالمي جزئياً.

بادئ ذي بدء، يجب أن نؤكد، من تجربتنا العالمية المشتركة، أننا ندرك دائماً أنفسنا كقوةٍ نشطة تقوم بأداء جميع أعمالنا العقلية والجسدية. في الواقع نحن نقوم بالعديد من الوظائف المختلفة — الإدراك، والتفكير، والتذكّر، والشعور، والتصرّف، إلى ما هنالك. ومع ذلك، يمكننا أن ندرك أن هناك «الأنا» أو «الذات» الكامنة وراء هذه الوظائف، والتي تحكمها وتعتبر بأنها في جوهرها تبقى هي ذاتها دون أن يطرأ عليها تغيير عبر كل وجودها في الماضي والحاضر.

يقول الكتاب المقدس، «أما تعلمون أنكم هيكل الله وروح الله يسكن فيكم؟»* إننا جميعنا كأفراد ذواتٌ روحية عديدة تنعكس فيها الروح الكونية المباركة — الله. مثلما تظهر صور كثيرة للشمس الواحدة، عندما تنعكس في عدد من الأواني المليئة بالماء، كذلك يبدو البشر مجزأين إلى أرواح كثيرة، يسكنون هذه الهياكل الجسدية والعقلية، وبالتالي يظهر أنهم منفصلون ظاهرياً عن الروح الكونية الواحدة. في الواقع، الله والإنسان واحد، والانفصال هو ظاهري فقط.

الآن، بما أننا ذوات روحية مباركة وانعكاس [للروح الكونية]، لماذا نحن غير مدركين تماماً لحالتنا السعيدة وبدلاً من ذلك عرضة للألم والمعاناة الجسدية والعقلية؟ الجواب هو أن الذات الروحية قد جلبت على نفسها (بطريقة ما) هذه الحالة الحالية من خلال ارتباطها بأداة جسدية عابرة وعقل مضطرب ومشوّش. إن الذات الروحية، التي تم تعريفها على هذا النحو، تشعر بالأسف عندما تمر بحالة غير صحية، أو بالابتهاج عند اختبارها حالة صحية وممتعة للجسم والعقل. وبسبب هذا التحقق، فإن الذات الروحية

* كورنثوس الأولى ٣: ١٦

تتعرض باستمرار للقلق والانزعاج بسبب حالاتها العابرة.

لنتناول حتى المعنى المجازي للتحقق أو الارتباط: الأم التي ترتبط بعمق مع طفلها الوحيد تشعر بألم شديد لمجرد سماع شائعات عن وفاة طفلها أو عن وفاته الحقيقية، في حين أنها قد لا تشعر بهذا الألم إذا سمعت عن وفاة طفل لأم من جيرانها لم تحقق نفسها معه. الآن يمكننا تخيّل الوعي عندما يكون التحقق حقيقياً وليس مجازياً. وهكذا فإن الإحساس بالتماهي مع الجسد العابر والعقل المشوش هو المصدر أو السبب الأساسي لتعاسة ذاتنا الروحية.

إن عرفنا أن ارتباط الذات الروحية بالجسد والعقل هو السبب الرئيسي للألم، فيجب أن ننتقل الآن إلى التحليل النفسي للأسباب المباشرة أو المتقاربة للألم وإلى التمييز بين الألم، والمتعة، والغبطة.

الأسباب المباشرة للألم

بسبب هذا التحقق أو الارتباط، يبدو أن الذات الروحية لها ميول معيّنة ـــ عقلية وجسدية. الأُمنية في تحقيق هذه الميول تخلق الرغبة، والرغبة تنتج الألم. الآن هذه الميول أو الاتجاهات هي إما طبيعية أو مختلقة، الميول الطبيعية تنتج رغبات طبيعية والميول المختلقة تنتج رغبات مختلقة.

الحاجة المختلقة تصبح حاجة طبيعية مع مرور الوقت، من خلال العادة. ومهما كان نوع الحاجة، فإنها تسبب الألم. كلما ازدادت رغباتنا، زادت احتمالات الألم؛ وكلما زادت احتياجاتنا، زادت صعوبة تحقيقها، وكلما بقيت الرغبة دون تحقيق، زاد الألم. فمع ازدياد الرغبات والاحتياجات يزداد الألم أيضاً. وبالتالي، إذا لم تجد الرغبة أي إمكانية للتحقيق الفوري، أو وجدت عائقاً، ينشأ الألم على الفور.

وما هي الرغبة؟ إنها ليست سوى حالة جديدة من «الإثارة» التي يتشبث بها العقل ـــ نزوة من نزوات العقل تنشأ من خلال الرفقة أو المصاحبة. وبالتالي فإن الرغبة، أو مضاعفة حالات الإثارة العقلية، هي مصدر الألم أو الشقاء، وهذا يعود أيضاً إلى السعي المغلوط لتحقيق الرغبات من خلال خلقها أولاً ومضاعفتها، ثم محاولة إشباعها بأشياء مادية بدلاً من التقليل منها من البداية.

قد يبدو أن الألم يحدث أحياناً دون وجود رغبة سابقة ـــ على سبيل المثال، ألم من جرح. لكن يجب أن نلاحظ هنا أن الرغبة في البقاء في حالة صحية، الموجودة بوعي أو لا شعورياً في أذهاننا والمتبلورة في كياننا

الفسيولوجي، تتم مناقضتها في الحالة المذكورة أعلاه بسبب وجود الحالة غير الصحية، أي: وجود الجرح. وهكذا عندما لا يتم إشباع حالة مثيرة من حالات العقل، على شكل رغبة، أو لا يتم التخلص منها، ينتج عن ذلك الألم.

بما أن الرغبة تؤدي إلى الألم، فإنها تؤدي أيضاً إلى المتعة، والفرق الوحيد هو أنه في الحالة الأولى، لا يتم إشباع الحاجة التي تنطوي عليها الرغبة، بينما في الحالة الثانية يبدو أن الحاجة المشمولة في الرغبة يتم إشباعها من خلال وجود أشياء خارجية.

لكن هذه التجربة الممتعة، الناتجة عن إشباع الحاجات عن طريق الأشياء، لا تدوم بل تتلاشى، ونحتفظ فقط بذاكرة الأشياء التي يبدو أنها أزالت الحاجة. ومن ثم، فإن الرغبة في تلك الأشياء التي جلبتها الذاكرة تنتعش مستقبلاً، وينشأ نتيجة لذلك شعور بالحاجة، والذي إذا لم يتحقق، يؤدي مرة أخرى إلى الألم.

المتعة هي وعي مزدوج

المتعة هي وعي مزدوج — يتكون من «وعي الإثارة» لامتلاك الشيء المطلوب، ومن الوعي بأن الألم الناجم عن الافتقار إلى ذلك الشيء لم يعد محسوساً. هناك عنصر من الشعور والفكر معاً في ذلك الوعي . أما «الوعي النقيض» الأخير، أي الوعي ككل (كيف شعرت بالألم عندما لم يكن لدي الشيء المطلوب، وكيف لا أشعر بأي ألم الآن، لأنني حصلت على الشيء الذي أريده)، فهو ما يشكل أساساً سحر وجاذبية المتعة.

ومن هنا نرى أن الوعي بالحاجة يأتي أولاً — والوعي بتحقيق الحاجة يصبح مقترناً بالوعي الممتع. وبالتالي، فإن الرغبة وتحقيق الحاجة هما ما ينشغل ويهتم بهما وعي اللذة. إنه العقل الذي يخلق الحاجة ويحققها.

وإنه لخطأ كبير أن نعتبر شيئاً معيناً ممتعاً في حد ذاته وأن نختزن فكرةً عنه في الذهن على أمل إشباع الحاجة من خلال الوجود الفعلي لذلك الشيء في المستقبل. لو كانت الأشياء ممتعة في حد ذاتها، فإن نفس اللباس أو الطعام سيرضي الجميع دائماً، وهذا ليس واقع الحال.

ما تُدعى متعة هي من صنع العقل — إنها وعي إثارة مضلل، يعتمد على إشباع حالة الرغبة السابقة وعلى الوعي الحالي النقيض. كلما زاد الاعتقاد بأن شيئاً ما يحرّك شعوراً ممتعاً، وكلما زادت الرغبة في ذلك الشيء في العقل، زادت إمكانية التوق إلى الشيء نفسه، والذي يُعتقد أن وجوده يجلب شعوراً ممتعاً وغيابه شعوراً بالحاجة. كلتا الحالتين من الوعي

تؤدي في النهاية إلى الألم.

لذلك، إذا أردنا حقاً أن نخفف الألم، فيتعين علينا، قدر الإمكان، تحرير العقل تدريجياً من كل رغبة ومن الشعور بالحاجة. إذا تم التخلص من الرغبة في شيء معيّن يُعتقد أن الحصول عليه من شأنه إبعاد الحاجة، فلن ينشأ الشعور بالإثارة المضللة للمتعة، حتى ولو كان الشيء موجوداً بطريقة ما أمامنا.

ولكن بدلاً من تقليل الشعور بالحاجة أو تقليصه، نقوم عادة بزيادته ونخلق رغباتٍ جديدة ومتنوعة لدى محاولة إشباع رغبة واحدة، مما يؤدي إلى الرغبة في تحقيق جميع تلك الرغبات. على سبيل المثال، لتجنّب الحاجة إلى المال، نبدأ عملاً تجارياً. ومن أجل الاستمرار في العمل، يتعين علينا أن نولي اهتمامنا لآلاف الاحتياجات والمقتضيات التي يستلزمها الاستمرار في العمل. كل حاجة وضرورة تتضمن بدورها حاجيات أخرى والمزيد من الاهتمام، وما إلى ذلك.

وهكذا نرى أن الألم الأصلي الذي ينطوي عليه نقص المال يتضاعف ألف مرة في خلق احتياجات ومصالح أخرى. بالطبع هذا لا يعني أن إدارة الأعمال أو كسب المال أمر سيء أو غير ضروري. النقطة المهمة هي أن الرغبة في خلق احتياجات ومضاعفتها أمر سيئ.

الخلط بين الوسائل والغاية

إذا كان الهدف من مشروعنا هو كسب المال فإننا بذلك نجعل المال هدفنا وعندها يبدأ هوسنا. لأن الوسيلة تصبح غاية وتضيع الغاية الحقيقية. وهكذا يبدأ شقاؤنا من جديد. في هذا العالم كل واحد لديه واجبات يتعين عليه إنجازها. دعونا، من أجل تسهيل الفكرة، نراجع المثال السابق.

يجب على رب الأسرة أن يكسب المال لإعالة أسرته. فهو يشرع بعمل معيّن ويبدأ في الاهتمام بالتفاصيل التي ستجعله ناجحاً. الآن، ما الذي يحدث غالباً بعد مرور الوقت؟ يستمر العمل بنجاح وقد يتكدس المال حتى يكون هناك أكثر بكثير مما هو ضروري للوفاء باحتياجاته واحتياجات أسرته.

الآن واحد من شيئين يحدث. إما أن يتم جني الأموال لصالح المشروع ويتم الشعور بمتعة غريبة في اكتناز المال، أو قد يحدث أن هواية إدارة هذا العمل من أجل العمل تستمر أو تزداد باضطراد. وهكذا نرى أنه في كلتا الحالتين، أصبحت الوسيلة للتخلص من الاحتياجات الأصلية ـــ التي كانت الغاية ـــ قد أصبحت الغاية في حد ذاتها: إذ أصبح المال أو العمل هو الغاية.

أو قد يحدث أن يتم خلق احتياجات جديدة وغير ضرورية ويتم بذل المجهود للوفاء بتلك الاحتياجات عن طريق «الأشياء». على أية حال، ينحرف اهتمامنا الوحيد بعيداً عن الغبطة (التي نخلط، بالفطرة، بينها وبين المتعة فتصبح الأخيرة غايتنا). ثم يصبح الغرض الذي بدأنا من أجله عملاً تجارياً على ما يبدو ثانوياً مما يتسبب بخلق ظروف أو وسائل [جديدة] أو مضاعفتها. وفي صميم الظروف أو الوسائل التي يتم خلقها تكمن الرغبة في الإثارة أو الشعور، وتكمن أيضاً صورة ذهنية للماضي عندما أدّت تلك الظروف إلى حدوث المتعة.

من الطبيعي أن تتمنى الرغبة في أن تتحقق من خلال وجود هذه الشروط، والتي عندما تتحقق تحدث المتعة، وعندما لا تتحقق ينشأ الألم. ولأن المتعة، كما أشرنا سابقاً، تولد من الرغبة وترتبط بأشياء عابرة، فإنها تؤدي إلى الإثارة وإلى الألم عند اختفاء تلك الأشياء. وعلى هذا النحو يبدأ شقاؤنا.

باختصار: من الغرض الأصلي لمباشرة عمل تجاري، وهو التخلص من الاحتياجات المادية، ننتقل إلى الوسائل — إما إلى العمل نفسه أو إلى اكتناز الثروة الناجمة عنه — أو في بعض الأحيان إلى خلق احتياجات جديدة. ولأننا نجد متعة في هذه الأشياء فإننا نندفع نحو الألم، والذي، حسبما أشرنا، هو دائماً نتيجة غير مباشرة للمتعة.

وما ينطبق على كسب المال ينطبق أيضاً على كل نشاط في العالم. عندما ننسى غايتنا الحقيقية — بلوغ الغبطة أو الحالة أو الظرف أو نمط العيش الذي يؤدي في النهاية إليها — ونوجّه انتباهنا الأوحد إلى الأشياء التي يُعتقد من قبيل الخطأ أنها وسائل أو شروط لبلوغ الغبطة، ونجعل تلك الأشياء غايات بحد ذاتها — عندئذٍ تزداد احتياجاتنا ورغباتنا وإثارتنا، ونبدأ في السير على طريق الشقاء أو الألم.

يجب ألا ننسى هدفنا أبداً. ويجب أن نضع سياجاً حول احتياجاتنا. لا ينبغي أن نستمر في زيادتها أكثر فأكثر، لأن ذلك سيجلب الشقاء في النهاية. ومع ذلك، لا أقصد أنه لا ينبغي لنا تحقيق الاحتياجات الضرورية، الناشئة عن علاقتنا بالعالم بأسره، أو أن نصبح حالمين عاطلين ومثاليين خياليين، متجاهلين دورنا الأساسي في تعزيز التقدم البشري.

وخلاصة القول: الألم ينتج عن الرغبة، وينتج بطريقة غير مباشرة أيضاً عن اللذة، والتي تعمل كالسراب لإغراء الناس ودفعهم إلى مستنقع الاحتياجات لإدامة بؤسهم وشقائهم.

وهكذا نرى أن الرغبة هي أصل كل الشقاء الناجم عن الإحساس بارتباط

الذات بالعقل والجسد. لذا ما يجب أن نفعله هو القضاء على التعلق من خلال التخلص من الإحساس بالتماهي والارتباط. ولا يتعين علينا سوى قطع حبل التعلق والتماهي. وبما أن مدير المسرح الكوني الأعظم قد خصص الأدوار، يجب أن نؤدي أدوارنا على مسرح العالم بكامل عقولنا وأفكارنا وأجسامنا، إنما يجب أن نظل داخلياً دون تأثر بوعي المتعة والألم كما هو الحال بالنسبة للممثلين في المسرح العادي.

وعي الغبطة ينبثق عند فصل الارتباط بوعي الجسد

عندما يكون هناك اتزان ويتم فك قيود الارتباط، يبزغ وعي الغبطة في داخلنا. طالما أنك بشر فلا يمكنك إلا أن تكون لديك رغبات. وكونك بشراً، كيف يمكنك أن تدرك ألوهيتك؟ أولاً، لتكن رغباتك معقولة، ثم قم بتحفيز رغبتك للأشياء النبيلة، وحاول في نفس الوقت تحقيق وعي الغبطة. وستشعر أن الرباط الذي يقيّدك بتعلقاتك الفردية المختلفة قد تم قطعه تلقائياً.

وهذا يعني، من قلب الغبطة الهادئ، ستعرف في نهاية المطاف كيف تتخلى عن رغباتك الثانوية وأن تشعر فقط بتلك الرغبات التي يستحثها في داخلك قانون عظيم. ولذلك قال السيد المسيح: «لِتَكُنْ لاَ إِرَادَتِي بَلْ إِرَادَتُكَ.» *

عندما أقول إن بلوغ الغبطة هي الغاية العالمية للدين، فأنا لا أعني بالغبطة ما يسمى عادة باللذة أو المتعة، أو ذلك الرضا الفكري الذي ينشأ من تحقيق الرغبة وسدّ العوز والذي يختلط بالإثارة، كما هو الحال عندما نقول إننا نشعر بمتعة الحماس. في الغبطة لا وجود للإثارة أو الوعي النقيض [كأن يقول أحدهم]: «لقد زال ألمي أو انتفت حاجتي بسبب وجود كذا وكذا من الأشياء». وعي الغبطة هو وعي بالهدوء التام ـــ الدراية بطبيعتنا الهادئة غير الملوثة بالوعي الدخيل [وتفسيره الخاطئ] لانعدام الألم.

المثال التالي سيوضّح هذه النقطة. لديّ جرح وأشعر بالألم. وعندما يلتئم الجرح أشعر بالسرور. يتكون هذا الوعي الممتع من الإثارة أو الشعور، ومن الشعور والتفكير الدائمين بأنني لم أعد أشعر بألم الجرح.

الآن، الشخص الذي بلغ حالة الغبطة، على الرغم من احتمال إصابته بجرح جسدي، سيشعر، عندما يلتئم جرحه، أن هدوءه لم يتعكر عندما كان الجرح موجوداً، ولم يستعِد ذلك الهدوء عندما شُفي الجرح. هو يشعر أنه

* لوقا ٢٢: ٤٢

الألم، المتعة، والغبطة:الفوارق بينها

يمر في عالم يقوم على الألم والمتعة لا تربطه به علاقة فعلية، ولا قدرة للعالم على أن يسبب له الإزعاج أو أن يرفع من حالة الهدوء أو الغبطة التي تتدفق بداخله دون انقطاع. حالة الغبطة هذه خالية من كلٍ من الميول والإثارة المرتبطة بالمتعة والألم.

هناك جانب إيجابي وسلبي في وعي الغبطة. الجانب السلبي هو غياب الشعور بالمتعة والألم. أما الجانب الإيجابي فهو الحالة السامية لهدوء فائق، بما في ذلك إحساس بتوسّع عظيم داخل الوعي نفسه وإدراك معنى «الكل في الواحد والواحد في الكل». ولهذا الوعي درجات. فالباحث الجاد عن الحقيقة يتذوق القليل منه، أما صاحب الرؤى [الروحية الصادقة] أو النبي فهو ممتلئ به.

المتعة والألم مصدرهما الرغبة والحاجة، ويجب أن يكون واجبنا — إن أردنا بلوغ الغبطة — إبعاد كل رغبة باستثناء الرغبة في الغبطة والتي هي طبيعتنا الحقيقية. لو كانت كل تحسيناتنا — العلمية والاجتماعية والسياسية — تسترشد بهذه الغاية العامة المشتركة (إزالة الألم) فلماذا يتعين أن نجلب شيئاً غريباً (المتعة) وننسى أن نكون راسخين على الدوام في الهدوء أو الغبطة؟

لا بد أن من يتمتع بالصحة سيشعر أحياناً بالألم بسبب اعتلال الصحة، لأن التمتع يعتمد على حالة ذهنية، وهي فكرة الصحة. التمتع بصحة جيدة ليس بالأمر السيئ، ولا من الخطأ السعي للحصول عليها. لكن التعلق بها، والتأثر بها داخلياً، هو ما يُعترض عليه. لأن التعلق يعني إضمار الرغبة، الأمر الذي سيؤدي إلى الشقاء.

يجب أن نسعى إلى الصحة ليس من أجل التمتع فيها ولكن لأنها تجعل أداء الواجبات مستطاعاً وتحقيق هدفنا ممكناً. هذا سيتعارض، في وقت ما، مع الحالة النقيضة وهي اعتلال الصحة. لكن الغبطة لا تعتمد على أي شرط معين، خارجي أو داخلي. إنها حالة الروح الأصلية. لذلك لا تخشى من أن تناقضها أي حالة أخرى. بل سوف تتدفق باستمرار إلى الأبد، في الإحباط أو النجاح، في الصحة أو المرض ، في الغنى أو الفقر.

القسم ٣

الله بمظهر الغبطة

الدافع المشترك لكل الأفعال

ستوضح المناقشة السيكولوجية السابقة حول الألم والمتعة والغبطة، بمساعدة المثالين التاليين، تصوري للضرورة القصوى المشتركة والألوهية، والتي تم التطرق إليها عَرَضياً في البداية.

لقد أشرتُ بادئ ذي بدء إلى أننا إذا قمنا بملاحظة دقيقة لأفعال الناس، يجب أن نرى أن الدافع الأساسي والعالمي الذي يعمل الإنسان من أجله هو تجنّب الألم وتحقيق الغبطة أو الله. الجزء الأول من الدافع، تجنّب الألم، هو أمرٌ لا يمكننا إنكاره، إذا لاحظنا دوافع كل الأفعال الجيدة والسيئة التي يتم القيام بها في العالم.

خذ حالة الشخص الذي يرغب في الانتحار، وحالة الرجل المتدين حقاً، المترفع عن الدنيويات وغير المهتم بها. لا يمكن أن يكون هناك شك في حقيقة أن كلا الرجلين يحاول التخلص من الألم الذي يضايقه، وكلاهما يحاول وضع حدٍ للألم بشكل دائم. وسواء كانت محاولتهما ناجحة أم لا، فتلك مسألة مختلفة، ولكن هناك وحدة فيما يتعلق بدوافعهما.

لكن هل كل الأفعال في هذا العالم مدفوعة مباشرة بالرغبة في بلوغ الغبطة الدائمة، أو الله، بحسب الجزء الثاني من الدافع المشترك لجميع الأفعال؟ هل الدافع المباشر للشرير هو بلوغ الغبطة؟ من غير المحتمل. لقد تمت الإشارة إلى سبب ذلك في البحث الخاص بالمتعة والغبطة. ووجدنا أنه بسبب تماهي الذات الروحية مع الجسد، فقد وقعت في عادة الانغماس في الرغبات وما يترتب على ذلك من خلق الاحتياجات. هذه الرغبات والاحتياجات تؤدي إلى الألم إذا لم تتحقق — وإلى المتعة إذا تم تحقيقها — بواسطة الأشياء.

ولكن هنا يحدث خطأ فادح من جانب الإنسان. عندما يتم تلبية الحاجة، يحصل الإنسان على إثارة ممتعة، ومن خلال خطأ يؤسف له، يركّز بصره فقط على الأشياء التي تخلق هذا الإثارة، ويفترض أنها الأسباب الرئيسية وراء متعته. وهو ينسى تماماً أنه كان لديه سابقاً إثارة في شكل رغبة أو رغبة أو حاجة في عقله، وأنه فيما بعد كان لديه إثارة أخرى في عقله حلّت محل الأولى، في شكل متعة، والتي يبدو أنها حصلت بسبب توفّر أشياء

محددة. لذلك، في واقع الأمر، نشأت إثارة في العقل وحلّت إثارة أخرى محلها في نفس العقل.

الأشياء الخارجية هي الوسائل فقط — وليست الأسباب. قد يتم إشباع رغبة شخص فقير بتناول قطعة حلوى عادية، وهذا الإشباع سيمنح شعوراً بالمتعة. لكن الرغبة في أطايب الطعام من جانب شخص غني قد لا يمكن إشباعها إلا بأفخر الفطائر والمعجنات، كما أن تحقيق تلك الرغبة سيعطي نفس القدر من المتعة. إذاً، هل تعتمد المتعة على الأشياء الخارجية أم على الحالة العقلية؟ بالتأكيد على الثانية.

لكن المتعة، كما قلنا، هي إثارة. وبالتالي، لا مبرر أبداً للتخلص من الإثارة التي تولّدها الرغبة بإثارة أخرى، أي تلك التي يتم اختبارها عند الشعور بالمتعة. ولأننا نفعل ذلك، فإن إثاراتنا لا تنتهي أبداً، وبالتالي فإن ألمنا وشقاءنا لا يتوقفان أبداً.

وحده وعي الغبطة يمكنه تهدئة الإثارة بشكل فعّال

ما يجب أن نفعله هو تهدئة الإثارة الكامنة في الرغبة وليس تقويتها أو إدامتها بالإثارة الكامنة في المتعة. تحصل هذه التهدئة بطريقة فعّالة فقط من خلال وعي الغبطة، وهذا لا يعني جموداً بل مرحلة متقدمة من عدم الاكتراث بكل من الألم والمتعة. كل إنسان يسعى لتحقيق الغبطة من خلال تحقيق الرغبة، لكنه يتوقف عن طريق الخطأ عند المتعة. لذلك لا تنتهي رغباته أبداً، وينجرف إلى دوامة الألم.

المتعة هي وهمٌ محفوف بالمخاطر، ومع ذلك فإن هذا الارتباط الممتع هو الذي يصبح دافعنا لأفعال مستقبلية. وقد ثبت أن هذا مخادع مثل السراب في الصحراء. كما قلنا سابقاً، بما أن المتعة تتكون من الوعي بالإثارة إضافة إلى الوعي النقيض بأن الألم لم يعد موجوداً الآن، فعندما نهدف إلى المتعة بدلاً من الغبطة، نحضّر أنفسنا للاندفاع تواً إلى دوامة العيش في جهالة والتي تجلب المتعة والألم في تتابع لا انتهاء له. وبسبب تغيير زاوية رؤيتنا من الغبطة إلى المتعة فإننا نقع في معاناة نفسية رهيبة نتيجة لذلك.

وهكذا نرى أنه على الرغم من أن الهدف الحقيقي للإنسان هو تجنب الألم وتحقيق الغبطة، فإن الإنسان، بسبب خطأ فادح، بينما يحاول تجنب الألم يجري وراء شيء خادع يسمى المتعة، معتبراً المتعة غبطة، فيخطئ في ذلك.

إن تحقيق الغبطة وليس المتعة هو الضرورة العالمية والقصوى، والتي يتم إثباتها بشكل غير مباشر من خلال حقيقة واقعية هي أن الإنسان لا يكتفي أبداً بأداة واحدة من المتعة. بل ينتقل دوماً من متعة إلى أخرى: من المال إلى الملبس، ومن الثياب إلى الممتلكات، ومن ثم إلى المتعة الزوجية — إنها استمرارية لا تهدأ ولا تستقر. ولذلك فهو يتألم باستمرار، على الرغم من أنه يرغب في تجنب الألم باعتماد ما يراه من وسائل مناسبة. ومع ذلك، يبدو أن حنيناً خفيّاً وغير مُشْبَع يسكن قلبه.

لكن الإنسان المتدين (المثال الثاني الذي ارتأيت تقديمة) يرغب دائماً في تبني الوسائل الدينية المناسبة التي يمكنه من خلالها ملامسة الغبطة أو الله.

بالطبع عندما أقول إن الله هو غبطة، فأنا أعني أيضاً أنه موجود على الدوام وأنه أيضاً على دراية واعيةبوجوده المبارك المغبوط. وعندما نرغب في الغبطة الأبدية أو الله، فهذا يعني ضمنياً أننا مع الغبطة نتمنى أيضاً وجوداً أبدياً وخالداً، غير قابل للتغيير ودائم الوعي. وبالنظر إلى دوافع وأفعال الناس، من الأعلى إلى الأدنى، فقد تم التأكد بداهةً من أننا كلنا نرغب في الغبطة.

لنكرر الحجة بطريقة مختلفة قليلاً: لنفترض أن كائناً أعلى سيأتي إلينا ويقول لجميع الناس على وجه الأرض، «أيا مخلوقات العالم! سأعطيكم أحزاناً أبدية مع الشقاء إلى جانب وجود أبدي، فهل ستقبلون بذلك؟» هل سيقبل أي واحد بذلك العرض؟ لن يقبل به أي واحد. الجميع يريدون غبطة أبدية (أناندا) إلى جانب وجود أبدي (سات). في واقع الأمر، التدقيق أيضاً في دوافع العالم يتبيّن لنا أنه لا يوجد أحد إلا ويرغب في الحصول على الغبطة.

وبالمثل، لا أحد يرغب بإمكانية الفناء. وإذا ما تم اقتراح ذلك نرتجف هلعاً من الفكرة. الكل يرغب في وجود دائم (سات). لكن إذا مُنحنا وجوداً أبدياً دون الوعي بذلك الوجود، فإننا سنرفض ذلك. هل هناك من يرغب أو يرحب بوجودٍ [غير واعٍ] أثناء النوم؟ لا أحد. كلنا نريد وجوداً واعياً.

باختصار، نريد وجوداً أبدياً مغبوطاً وواعياً: سات تشيت أناندا (الوجود-الوعي-الغبطة). وهذا هو الاسم الهندوسي لله. لكن لاعتبارات براغماتية فقط، نؤكد على الجانب المغبوط لله وعلى دافعنا لتحقيق الغبطة، مستبعدين الجانبين سات و تشيت، أي الوجود الواعي (وجوانب أخرى لم نركّز عليها هنا).

ما هو الله؟

والآن، ما هو الله؟ إذا كان الله شيئاً غير الغبطة، وإن كان الاتصال به لا ينتج فينا أي غبطة أو ينتج فينا الألم فقط، أو إذا كان الاتصال به لا يبعد الألم عنا، فهل نريده؟ لا. أو إذا كان الله شيئاً عديم الفائدة بالنسبة لنا، فنحن لا نريده. ما فائدة إله يظل مجهولاً دائماً ولا يظهر وجوده في داخلنا في بعض الظروف على الأقل في حياتنا؟ أياً كان مفهوم الله الذي نكوّنه من خلال تمرين العقل (مثل: "هو فائق"، أو "هو في أعماقنا" سيظل دوماً غامضاً وغير واضح ما لم نشعر بحقيقته على هذا النحو. في الواقع، نحن نُبقي الله بعيداً عنا، ونتصوره أحياناً بأنه مجرد كائن شخصي، ومرة أخرى نعتقد نظرياً بأنه موجود في داخلنا.

وبسبب هذا الغموض في فكرتنا وتجربتنا عن الله، لا يمكننا إدراك الضرورة الحقيقية له والقيمة البراغماتية للدين. هذه النظرية أو الفكرة الشاحبة تفشل في إقناعنا. فهي لا تغيّر حياتنا ولا تؤثر في سلوكنا بطريقة ملموسة، أو تجعلنا نحاول معرفة الله.

الدليل على وجود الله يكمن داخل أنفسنا

ماذا يقول الدين العالمي عن الله؟ يقول: إن الدليل على وجود الله يكمن داخل أنفسنا. إنها تجربة باطنية. يمكنك بالتأكيد أن تتذكر لحظة واحدة على الأقل في حياتك عندما شعرت، في الصلاة أو العبادة، أن قيود جسدك قد اختفت تقريباً، وأن ثنائية اختبار ـــ اللذة والألم، والحب السطحي والكراهية، وما إلى ذلك ـــ قد انسحبت من عقلك. الغبطة النقية والهدوء كانا ينبضان في قلبك واستمتعتَ بهدوء لا يعكّره شيء ـــ وشعرت بالغبطة والرضا. على الرغم من أن هذا النوع من الاختبار الفائق لا يأتي للجميع في كثير من الأحيان، إلا أنه لا يمكن أن يكون هناك شك في أن جميع الناس، في وقت من الأوقات، في الصلاة أو في شعور الأنس أثناء العبادة أو التأمل، قد استمتعوا ببضع لحظات من السلام النقي.

أليس هذا دليلاً على وجود الله؟ وما هو الدليل المباشر الذي يمكننا تقديمه لوجود الله وطبيعته، بخلاف وجود الغبطة داخل أنفسنا في الصلاة أو العبادة الحقيقية؟ مع أنه يوجد دليل كوني على وجود الله ـــ من السبب إلى المسبب، ومن العالم إلى مُبدع العالم. وهناك أيضاً الدليل الغائي ـــ بدءاً من الغاية (الخطة، التكيف) في العالم، نرتقي إلى العقل الأسمى الذي يصنع الخطة والتكيف. وهناك أيضاً الدليل الأخلاقي ـــ من الضمير والإحساس

بالكمال نرتقي إلى الكائن الكامل الذي نحن مسؤولون أمامه.

ومع ذلك، يجب أن نعترف بأن هذه البراهين هي إلى حد ما نتاج الاستدلال. لا يمكننا الحصول على معرفة كاملة أو مباشرة عن الله من خلال قوى العقل المحدودة. فالعقل لا يتيح سوى نظرة جزئية وغير مباشرة للأشياء. أن ترى شيئاً ما من زاوية فكرية فإنك لا تراه بالتوحّد معه: بل تراه وأنت منفصل عنه. أما الحدس، الذي سنشرحه لاحقاً، فهو الإدراك المباشر للحقيقة. في هذا الحدس تتحقق الغبطة أو وعي الله.

ليس هناك أدنى شك في الهوية المطلقة لوعي الغبطة ووعي الله، لأننا عندما نمتلك وعي الغبطة هذا نشعر بأن فرديتنا الضيقة قد تبدّلت وأننا قد تجاوزنا ازدواجية الحب السطحي والكراهية واللذة والألم، وأننا قد وصلنا إلى مستوى تصبح من خلاله معاناة وضآلة الوعي العادي واضحتين تمام الوضوح.

ونشعر أيضاً بتوسّع داخلي وتعاطف شامل مع كل شيء. فتتلاشى اضطرابات العالم وتختفي الإثارة، ويبدو أن فجر وعي «الكل في الواحد والواحد في الكل» قد بزغ علينا. وتظهر رؤية مجيدة للنور. وتتقهقر كل العيوب وكل الانحرافات وتتوارى في طي العدم. يبدو أننا قد انتقلنا إلى منطقة أخرى، إلى منبع الغبطة الدائمة، إلى نقطة البداية لاستمرارية لا انتهاء لها. أليست الغبطة إذاً هي نفسها وعي الله الذي تظهر فيه حالات الإدراك المذكورة أعلاه؟

وبالتالي، من الواضح أنه لا يمكن تصوّر الله بشكل أفضل من كونه غبطة إن حاولنا أن نأتي به إلى نطاق اختبار السكينة والهدوء للجميع. لن يكون الله بعد ذلك فرضية خاضعة للتنظير والتخمين. أليس هذا تصوراً أسمى عن الله؟ إذ يمكننا أن ندرك بأنه يتجلى في قلوبنا بصورة الغبطة في التأمل — وفي الشعور بالأنس والطمأنينة أثناء الصلاة أو التعبد.

الدين يصبح ضرورة عالمية
فقط عندما يُدرك الله بأنه غبطة

إذا تصورنا الله بهذه الطريقة، على أنه غبطة، فعندئذٍ فقط يمكن أن نجعل الدين ذا ضرورة عالمية. لأنه ما من أحد يستطيع أن ينكر رغبته في بلوغ الغبطة، وإذا رغب في تحقيق ذلك بالطريقة الصحيحة، فسيكون متديناً من خلال الاقتراب من الله والشعور بالله الذي يوصف بأنه في منتهى القرب من قلبه بصورة الغبطة.

وعي الغبطة أو الوعي الإلهي هذا يمكن أن يتخلل جميع أفعالنا وحالاتنا النفسية، فيما إذا سمحنا له بذلك. إذا تمكنا من الاحتفاظ بهذا الوعي، فسنكون قادرين على الحكم على القيمة الدينية النسبية لكل عمل ودافع للإنسان على هذه الأرض.

وإذا اقتنعنا مرة واحدة أن بلوغ وعي الغبطة هذا هو ديننا، وهدفنا، وغايتنا القصوى، فإن كل الشكوك حول معنى التعاليم والأوامر والنواهي المتعددة للأديان المختلفة في العالم ستختفي. وسيتم تفسير كل شيء في ضوء مرحلة النمو التي يمكن بلوغها عن طريق ذلك الوعي.

سوف تشرق الحقيقة، وسيُحل سر الوجود، وسيتم تسليط الضوء على تفاصيل حياتنا، بما فيها من أفعال متعددة ودوافع مختلفة. وسنكون قادرين على فصل الحقيقة المجردة عن الزوائد الخارجية للعقائد الدينية، وسنتمكن من رؤية عدم جدوى التقاليد والأعراف التي غالباً ما تضلل الناس وتخلق الخلافات بينهم.

علاوة على ذلك، إذا تم فهم الدين بهذه الطريقة، فلا يوجد إنسان في العالم — سواء كان فتىً أو شاباً أو شيخاً — لا يمكنه ممارسته، مهما كان وضعه في الحياة، سواء كان طالباً أو عاملاً، محامياً أو طبيباً، نجّاراً أو عالماً، أو فاعل خيرٍ محباً للبشر. إذا كان التخلص من الشعور بالحاجة وتحقيق الغبطة هو الدين، فمن الذي لا يحاول أن يكون متديناً ويحاول أن يكون كذلك بدرجة أكبر، إذا تم توضيح الطرق المناسبة له؟

هنا لا تبرز مسألة تنوع الأديان — ديانة السيد المسيح أو النبي محمد أو شري كريشنا. كل شخص في العالم يحاول حتماً أن يكون متديناً، ويمكنه أن يسعى إلى أن يكون أكثر تديناً من خلال تبنّي الوسائل المناسبة. لا يوجد تمييز هنا بين الطبقة أو العقيدة، الطائفة أو الديانة، الملبس أو المناخ، العمر أو الجنس، المهنة أو المنصب. لأن هذا الدين هو دين عالمي.

إذا قلتَ أنه يجب على جميع الناس في العالم أن يعترفوا بشري كريشنا كمخلصهم، فهل سيقبل كل المسيحيين والمسلمين بذلك؟ وإذا طلبتَ من الجميع أن يتخذوا المسيح سيداً لهم، فهل سيفعل كل الهندوس والمسلمين ذلك؟ وإذا أمرتَ الجميع بقبول محمد نبياً لهم، فهل يوافق المسيحيون والهندوس على ذلك؟

ولكن إذا قلت: "يا إخوتي المسيحيين والمسلمين والهندوس، إن ربكم وإلهكم هو (جوهر) ذو وجود أبدي ووعي دائم الغبطة"، أفلا يقبلون بذلك؟ وهل يمكن أن يرفضوه؟ ألا يطلبونه بصفته الأوحد القادر على وضع نهاية لكل مآسيهم وأحزانهم؟

ولا يمكن لأحد أن يتفادى هذا الاستنتاج بالقول إن المسيحيين والهندوس والمسلمين لا يتصورون يسوعاً وكريشنا ومحمداً على التوالي على أنهم الرب الإله — فهم يُعتبرون فقط تجسدات إلهية ورافعي رايات الله. ماذا لو فكر المرء بهذه الطريقة؟ ليست الأجساد المادية ليسوع وكريشنا ومحمد هي التي نهتم بها في المقام الأول، ولا نهتم كثيراً بالمكانة التاريخية التي يحتلونها.

كما أنهم لا يعيشون في ذاكرتنا فقط بسبب طرقهم المختلفة والمثيرة للاهتمام في الدعوة إلى الحق. إننا نجلّهم ونبجّلهم لأنهم عرفوا الله ولامسوا حضوره. هذه هي الحقيقة التي تهمّنا من وجودهم التاريخي وطرقهم المتعددة لإظهار الحقيقة.

ألم يدركوا جميعهم أن الله غبطة وأعلنوا النعمة الحقيقية على أنها في جوهرها ورع وتقوى؟ أليست هذه رابطة كافية من الوحدة بينهم — ناهيك عن جوانب أخرى من الألوهية والحقيقة ربما أدركوها وأظهروها؟ ألا ينبغي للمسيحي والهندوسي والمسلم أن يجدوا اهتماماً بأنبياء بعضهم البعض الذين وصلوا جميعهم إلى الوعي الإلهي؟ بما أن الله يوحّد جميع الأديان، فإن إدراكه بصورة الغبطة هو ما يوحّد وعي أنبياء جميع الأديان. *

في الله أو وعي الغبطة تتحقق
طموحاتنا الروحية

لا ينبغي للمرء أن يعتقد أن هذا المفهوم عن الله هو محض فكرة مجردة للغاية، وأنه لا علاقة له بآمالنا وتطلعاتنا الروحية، التي تتطلب تصور الله ككائن شخصي. هذا المفهوم ليس عن وجود كائن غير شخصي، مثلما يُفهم بشكل عام، ولا عن وجود كائن شخصي، كما يُتصور من منظور ضيق.

الله ليس شخصاً كما نحن في محدوديتنا ونطاقنا الضيّق. إن كياننا ووعينا وشعورنا وإرادتنا لا تمتلك سوى قدر ضئيل من التشابه مع كيانه (وجوده) ومع وعيه وغبطته. هو شخص بالمعنى التجاوزي. إن كياننا ووعينا وشعورنا هي أمور محدودة وتجريبية، في حين أن هذه الأمور هي

---

* كما يتم التأكيد أيضاً على وعي الغبطة فيما يسمى بالديانات الإلحادية، مثل البوذية. فالنيرفانا البوذية ليست، كما يفترض خطأً العديد من الكُتّاب الغربيين، بأنها «إطفاء للنور» وانقراض للوجود. إنها بالأحرى المرحلة التي يتم فيها محو الفردية الضيقة والوصول إلى السكينة الفائقة والشاملة. وهذا ما يحصل بالضبط في وعي الغبطة الأسمى، على الرغم من أن اسم الله لا يقترن به عند البوذيين.

غير محدودة وفائقة بالنسبة لله. لديه جانب غير شخصي ومطلق، ولكن لا ينبغي أن نعتقد أنه بعيد عن متناول كل التجارب ––– بما في ذلك تجربتنا الباطنية.

إنه يأتي للجميع ضمن الاختبار الهادئ الرصين. وفي وعي الغبطة نتعرف عليه. لا يمكن أن يكون هناك دليل مباشر آخر على وجوده. ففي الله بمظهر الغبطة تتحقق آمالنا وتطلعاتنا الروحية، ويجد تعبّدنا وحبنا هدفاً.

من غير المطلوب أن نتصور كائناً شخصياً لا يختلف عنا سوى أنه صورة مضخمة لذواتنا. قد يكون الله أو يمكن أن يكون أي شيء ––– شخصياً، غير شخصي، رحيماً، كلّي القدرة، وما إلى ذلك. لكننا لسنا مطالبين بالإحاطة علماً بذلك. أياً كان التصوّر الذي قدمناه فهو يناسب تماماً أهدافنا وآمالنا وتطلعاتنا ومثلنا الأعلى.

ولا ينبغي لنا أن نعتقد أن هذا المفهوم عن الله سيجعلنا مثاليين حالمين، أو أن نقطع ارتباطنا بواجبات ومسؤوليات وأفراح وأحزان العالم العملي. إذا كان الله غبطة وإذا طلبنا الغبطة لمعرفته، لا يمكننا أن نتجاهل واجبات ومسؤوليات العالم. ففي أدائنا لها يبقى بإمكاننا الشعور بالغبطة لأن الغبطة أبعد من الواجبات والمسؤوليات، وبالتالي لا يمكن لهذه الأخيرة التأثير في الغبطة. إننا نتجاوز أفراح وأحزان العالم في الغبطة، لكننا لا نتجاوز ضرورة إنجاز واجباتنا المشروعة في العالم.

من يعرف ذاته يعرف أن الله هو المتصرف وأن قوة أداء الأعمال تتدفق كلها إلينا منه. إن الراسخ في ذاته الروحية يشعر أنه الشاهد المحايد لجميع الأفعال ––– سواء كان يرى أو يسمع أو يشعر أو يشم أو يتذوق أو يمر بتجارب أخرى مختلفة على الأرض. مثل هؤلاء الأشخاص تغمرهم الغبطة، ويعيشون حياتهم وفقاً لإرادة الله.

عندما يتم تنمية عدم التعلق تختفي الأنانية الضيقة. فنشعر أننا نؤدي دورنا المخصص لنا على مسرح العالم، دون أن نتأثر داخلياً بالرفاهية والبؤس، والحب والكراهية، التي ينطوي عليها لعب دورٍ من الأدوار.

مسرحية الحياة الكبرى

في الحقيقة يمكن تشبيه العالم بمسرح من جميع النواحي. يختار مدير المسرح أشخاصاً لمساعدته في عرض مسرحية معينة. ويخصص أدواراً معينة لأشخاص معينين، وكلهم يعملون حسب توجيهاته. أحدهم يجعله مدير المسرح مَلكاً، والآخر وزيراً، والآخر خادماً، والآخر بطلاً، وهكذا دواليك. أحد الأشخاص يتعين عليه أن يلعب دوراً حزيناً والآخر دوراً ساراً.

إذا لعب كل واحد دوره وفقاً لتوجيهات مدير المسرح، فإن المسرحية، بكل تنوعاتها من أدوار كوميدية وجادة وحزينة، تصبح ناجحة. حتى الأدوار الصغيرة لها أماكنها التي لا غنى عنها في المسرحية.

ونجاح المسرحية يكمن في التمثيل المثالي لكل دور. يلعب كل ممثل دوره المحزن أو الممتع بشكل واقعي، ويوحي مظهره الخارجي بأنه متأثر بالدور الذي يلعبه. لكنه في داخله يظل عديم التأثر بذلك الدور أو بتلك المشاعر التي يصورها — من حب وكراهية ورغبة وخبث وكبرياء أو تواضع.

ولكن إذا قام أحد الممثلين، أثناء أداء أحد الأدوار، بتحقيق ذاته مع موقف محدد أو شعور خاص يتطلب التعبير عنه في المسرحية وفقدَ شخصيته الفردية، فسيُعتقد أنه أحمق، على أقل تقدير. النقطة الأخيرة ستبرزها القصة التالية بوضوح.

ذات مرة، وفي منزل رجل ثري تم عرض مسرحية الرامايانا*. وأثناء عرض المسرحية، تبيّن أن الرجل الذي يجب أن يلعب دور هانومان (القرد)، صديق راما**، كان غير موجود. اعترت الحيرة مدير المسرح فأمسك بمغفل دميم المنظر اسمه نيلكمال وحاول أن يجعله يمثّل دور هانومان.

رفض نيلكمال في البداية، لكنه أُجبر على الظهور على المسرح. فأثار مظهره الشنيع قهقهات عالية وسط المتفرجين وبدأوا يصرخون مَرَحاً: "هانومان، هانومان!"

ولم يستطع نيلكمال احتمال ذلك. فنسي أنها كانت مجرد مسرحية، وصرخ في سخط: «لماذا يا سادة تدعونني هانومان؟ ولماذا تقهقهون؟ أنا لست هانومان. لقد جعلني مدير المسرح آتي إلى هنا على هذا المنوال».

إن حيواتنا في هذا العالم المعقّد ليست سوى مسرحيات. لكننا للأسف، نحقق ذواتنا مع المسرحية، وبالتالي نشعر بالاشمئزاز والحزن والسرور. ننسى توجيهات وتوصيات مدير المسرح الأعظم. وإذ نعيش حياتنا — ونمثّل أدوارنا — نشعر بأن كل أحزاننا ومباهجنا، ومحبتنا وكراهيتنا حقيقة واقعة — وبكلمة واحدة، نصبح مرتبطين بأدوارنا ومتأثرين بها.

إن مسرحية العالم هذه ليس لها بداية ونهاية. يجب على كل واحد أن

* مسرحية تستند إلى الملحمة السنسكريتية التراثية التي تحمل الاسم نفسه. (ملاحظة الناشر)

** الشخصية المحورية المقدسة في الرامايانا. (ملاحظة الناشر)

يؤدي دوره الذي خصصه له مدير المسرح الأعظم، دون تذمّر. ويجب أن يقوم بدوره من أجل إنجاح المسرحية فقط. وعليه أن يتصرف بحزن عند أداء أدوار حزينة، أو ببهجة وسرور عند أداء أدوار ممتعة، لكن لا ينبغي أبداً أن يحقق ذاته مع المسرحية.

ولا ينبغي لأحد أن يرغب في لعب دور شخص آخر. إذا قام كل شخص في العالم بلعب دور الملك، فإن المسرحية نفسها ستفقد الاهتمام وتصبح عديمة المعنى.

من يتوصل إلى وعي الغبطة سيشعر بأن العالم مسرح وسيلعب دوره بأفضل ما يستطيع، متذكراً مدير المسرح الأعظم، الله، مدركاً لخطته، وعلى دراية شعورية بتوجيهاته.

القسم ٤

أربع طرق دينية جوهرية

الحاجة إلى طرق دينية

لقد رأينا في الأقسام ١ و ٢ و ٣ أن ارتباط الذات الروحية بالجسد والعقل هو السبب الأساسي لألمنا ومعاناتنا ومحدودياتنا. وبسبب هذا الارتباط، نشعر بتلك الإثارات مثل الألم والسرور، ونكون غافلين تقريباً عن حالة الغبطة، أو الوعي الإلهي. لقد رأينا أيضاً أن الدين يتكوّن أساساً من التجنب الدائم لمثل هذا الألم وتحقيق الغبطة النقية، أو الله.

ومثلما لا يمكن رؤية الصورة الحقيقية للشمس على سطح الماء المتحرك، هكذا لا يمكن فهم الطبيعة الحقيقية المباركة للذات الروحية — انعكاس الروح الكونية — بسبب موجات الاضطراب والقلق التي تنشأ من تماهي الذات مع الحالات المتغيرة للجسم والعقل. ومثلما تشوّه المياه المتحركة الصورة الحقيقية للشمس، كذلك فإن الحالة المضطربة للعقل، من خلال التماهي، تشوّه الطبيعة الحقيقية والهادئة للذات الباطنية.

الغرض من هذا الفصل هو مناقشة أسهل الطرق وأكثرها عقلانية وجوهرية — ذات الطابع العملي للجميع — والتي ستحرر الذات الروحية السعيدة على الدوام من ارتباطها الضار بالجسد والعقل العابرين، وبالتالي تجعلها تتلافى الألم بشكل دائم وتحصل على الغبطة التي هي أساس الدين.

لذلك فإن الأساليب الأساسية التي يجب أخذها في الاعتبار هي دينية وتتضمن أفعالاً دينية، لأنه فقط من خلال هذه الأساليب يمكن أن تتحرر الذات الروحية من التماهي مع الجسد والعقل وبالتالي تتحرر من الألم، وتكون قادرة على بلوغ الغبطة الدائمة، أو الله.

"ابن الله" و "ابن الإنسان"

عندما أطلق المسيح على نفسه اسم «ابن الله»، فقد عنى بذلك حلول الروح الكوني فيه. يقول يسوع في يوحنا ١٠: ٣٦ «فالذي قدّسه الآب وأرسله إلى العالم...قلتُ: إني ابن الله.»

ولكن في أوقات أخرى، عندما استخدم المسيح عبارة أخرى — «ابن الإنسان» — كان يقصد الجسد المادي، نسل الإنسان، الجسد المولود من

جسد بشري آخر. على سبيل المثال، في متى ٢٠: ١٨-١٩، يقول يسوع للتلاميذ: "ها نحن صاعدون إلى أورشليم، وابن الإنسان يُسلّم إلى رؤساء الكهنة...ويُسلّمونه إلى الأمم ... ويصلبوه."

يقول المسيح في يوحنا ٣: ٥-٦ "إِنْ كَانَ أَحَدٌ لاَ يُولَدُ مِنَ الْمَاءِ (اهتزاز أوم المحيطي [نسبة للمحيط] أو آمين، الروح القدس، القوة غير المنظورة التي تسند كل الخليقة؛ الله في مظهره الجوهري للمبدع الخلاّق) وَالرُّوحِ لاَ يَقْدِرُ أَنْ يَدْخُلَ مَلَكُوتَ اللهِ. اَلْمَوْلُودُ مِنَ الْجَسَدِ جَسَدٌ هُوَ، وَالْمَوْلُودُ مِنَ الرُّوحِ هُوَ رُوحٌ." هذه الكلمات تعني أنه ما لم نتمكن من تجاوز الجسد وإدراك أنفسنا كروح، فلا يمكننا دخول الملكوت أو حالة ذلك الروح الكوني.

يتردد صدى هذا الفكر في بيتين من الشعر السنسكريتي من الكتب المقدسة الهندوسية: "إن استطعت أن تتجاوز الجسد وتدرك نفسك كروح، ستكون سعيداً للأبد، وستتحرر من كل ألم."

الآن، هناك أربع طرق دينية أساسية عالمية، إذا اتُبِعت في الحياة اليومية، ستحرر الذات الروحية في الوقت المناسب من قيود أدواتها الجسدية والعقلية. وتحت هذه الفئات الأربع من الطرق الدينية، تندرج جميع الممارسات الدينية المحتملة التي سبق أن أوصى بها أي قديس أو عالم أو نبي من أنبياء الله.

أصل الطائفية

يلقّن الأنبياء الممارسات الدينية في شكل مذاهب. الأشخاص ذوو الفكر المحدود، الذين يخفقون في تفسير المعنى الحقيقي لهذه المذاهب، يقبلون معناها الظاهر أو الخارجي وتدريجياً يتشبثون بالأشكال والأعراف والممارسات الصارمة. وهذا هو أصل الطائفية.

لقد تم تفسير الراحة من العمل في يوم السبت بشكل خاطئ على أنها تعني الراحة من جميع الأعمال — حتى العمل الديني. وهذا هو الخطر على الناس من ذوي الفهم المحدود. يجب أن نتذكر أننا لم نُخلق ليوم السبت، لكن السبت خُلق من أجلنا. نحن لم نُخلق من أجل القواعد، بل القواعد وُضعت من أجلنا — وتتغيّر بتغيّرنا. يجب أن نتمسك بجوهر القاعدة لا بشكلها بتعصبٍ عقائدي.

إن التغيير في أشكال الأعراف والتقاليد يشكل بالنسبة للكثيرين تغييراً من دين إلى آخر. ومع ذلك، فإن المغزى الأعمق لكل مذاهب جميع الأنبياء المختلفين هو نفسه من حيث الجوهر. معظم الناس لا يدركون هذه الحقيقة.

وهناك خطر مماثل في حالة عظماء المفكرين: إنهم يحاولون معرفة الحق الأعلى من خلال استخدام العقل وحده. لكن الحق الأعلى لا يمكن إدراكه إلا بالمعرفة اليقينية. فالمعرفة اليقينية هي شيء يختلف عن مجرد الفهم. لا يمكننا أن نفهم بالعقل حلاوة السكر ما لم نكن قد تذوقنا السكر من قبل. وبالمثل، فإن المعرفة الدينية مستمدة من أعمق اختبار المرء لروحه. إلا أننا غالباً ما ننسى هذا عندما نسعى لاكتساب المعرفة عن الله والعقائد الدينية والأخلاق. ونادراً ما نسعى لمعرفة هذه الأمور من خلال التجربة الدينية الباطنية.

إنه لأمر مؤسف أن يعتقد الناس ذوو القوة العقلية العظيمة، الناجحون في استخدامهم للعقل في مجال استكشاف الحقائق العميقة للعلوم الطبيعية وغيرها من مجالات المعرفة، بأنهم سيكونون أيضاً قادرين على الاستيعاب العقلي لأسمى الحقائق الدينية والأخلاقية. ومن المؤسف أيضاً أن عقل أو فكر هؤلاء الأشخاص، بدلاً من أن يكون عوناً لهم، غالباً ما يكون عائقاً أمام فهمهم للحقيقة العليا لأن الوسيلة الوحيدة الممكنة هي الاختبار الشخصي المباشر لتلك الحقيقة.

دعونا نأخذ بعين الاعتبار الأساليب الأربعة التي تميز النمو الديني.

أربع طرق دينية جوهرية

١. الطريقة العقلية

الطريقة العقلية هي الطريقة الطبيعية التي يتم اعتمادها بشكل عام، وهي ليست سريعة الفعالية في تحقيق الغاية.

لقد كان التطور الفكري والتقدم أمراً طبيعياً وبالتالي مشتركاً بالنسبة لجميع الكائنات العاقلة. إن فَهْمَنا النابع من الوعي بالذات هو ما يميّزنا عن الحيوانات الدنيا، التي هي واعية ولكنها لا تمتلك وعياً بالذات.

وفي درجات وعمليات التطور، نرى أن هذا الوعي يتحول تدريجياً إلى وعي بالذات — فمن الوعي الحيواني ينشأ الوعي بالذات. يحاول الوعي تدريجياً أن يحرر نفسه ويحاول أن يعرف نفسه بنفسه، وهكذا يتحول إلى وعي بالذات. هذا التغيير ناجم عن ضرورة تطورية، والحافز العام نحو الأنشطة الفكرية يرجع إلى هذا المنحى التطوري. إن الذات الروحية، التي تتماهى بدرجات وأنماط متباينة مع الحالات الجسدية والعقلية، تحاول أن تعود إلى ذاتها بشكل تدريجي وطبيعي.

إن تطور عملية التفكير الواعي هو أحد الأساليب التي تعتمدها الذات الروحية للارتقاء إلى ما فوق القيود الجسدية والعقلية. والمجهود الذي تبذله الذات الروحية للعودة إلى ذاتها — لاستعادة حالتها المفقودة — من خلال تطور عملية التفكير هو أمرٌ طبيعي. وتلك هي سيرورة العالم.

تعبّر الروح الكونية عن نفسها في درجات متباينة من التطور، من أدنى الدرجات إلى أعلاها. في الحجر والأرض لا توجد حياة أو وعي حسب تصورنا لهما. يوجد في الأشجار نمو نباتي، اقتراب من الحياة، ومع ذلك لا توجد حياة خالية من العوائق ولا عملية تفكير واعية على الإطلاق. في الحيوانات توجد حياة ويوجد أيضاً وعي بها. في الإنسان — نقطة الذروة — توجد حياة، ويوجد وعي بها، وكذلك وعي بالذات (الوعي الذاتي).

ومن ثم فمن الطبيعي للإنسان أن يطور نفسه من خلال التفكير والاستدلال، والدراسة المتعمقة للكتب، والعمل البحثي الأصلي، والاستقصاءات المُضنية في الأسباب والنتائج في العالم الطبيعي.

كلما انخرط الإنسان بشكل أعمق في عمليات التفكير، كلما أمكن عندئذٍ القول إنه يستخدم «الطريقة» التي أصبح من خلالها ما هو عليه في سياق عملية التطور العالمي (أي الطريقة التي يتطور بها الوعي إلى الوعي بالذات) وكلما اقترب من الذات العليا، عن علم أو عن غير قصد — لأننا بالفكر نرتقي إلى ما فوق الجسد.

إن الاتّباع المُتروّي لهذه الطريقة سيجلب نتائج مؤكدة. على الرغم من تحسين الوعي بالذات إلى حد ما، فإن تمرين الفكر عن طريق الدراسة، لاكتساب المعرفة في مجال معين، ليس فعّالاً مثل عملية التفكير التي هدفها الوحيد هو تجاوز الجسد ورؤية الحقيقة.

في الهند، يُطلق على الطريقة العقلية في أسمى صورها اسم جنانا يوغا — أي بلوغ الحكمة الحقيقية من خلال التذكُّر والتمييز، مثل أن يذكّر الشخص نفسه باستمرار: «أنا لست الجسد. مشهد الخليقة العابر لا يمكن أن يؤثر على ذاتي الروحية. أنا روح».

أحد عيوب هذه الطريقة هو أنها عملية بطيئة للغاية كي تدرك الذات الروحية نفسها. وقد تتطلب قدراً كبيراً من الوقت. وفي حين تبدأ الذات الروحية في إدراك الوعي الذاتي بهذه الطريقة، فإنها تبقى منهمكة دوماً في سلسلة من الأفكار العقلية العابرة التي لا علاقة لها بها.

سكينة الروح هي شيء يفوق الفكر والإحساس الجسدي، رغم أنه بمجرد بلوغها تنساب إليهما وتفيض عليهما.

٢. الطريقة التعبدية

تتمثل هذه الطريقة في محاولة تركيز انتباهنا على موضوع فكري واحد، بدلاً من التركيز على سلسلة مختلفة من الأفكار وعلى موضوعات متنوعة (كما في الطريقة العقلية).

يشتمل الأسلوب التعبدي على جميع أشكال العبادة، مثل الصلاة (التي يجب أن نستبعد منها كل الأفكار المتعلقة بالأمور الدنيوية). يجب على الذات الروحية أن تركز اهتمامها بعمق واحترام على كل ما تختار التركيز عليه ــ سواء كانت فكرة إله شخصي أو فكرة الوجود الكلي غير الشخصي. النقطة الأساسية هي أن المريد يجب أن يركّز على فكرة تعبدية واحدة بصدق وجدّية.

ومن خلال هذه العملية، تتحرر الذات الروحية تدريجياً من الاضطرابات التي تسببها أفكار عديدة ــ السلسلة الثانية من الاضطرابات ــ وتتوفر على الوقت والفرصة للتفكير في ذاتها. عندما نصلي بجدية، فإننا ننسى كل الأحاسيس الجسدية ونبعد كل الأفكار المتطفلة التي تحاول أن تستأثر بانتباهنا.

وكلما تعمقت صَلاتنا، ازداد شعورنا بالرضا، ويصبح هذا هو المعيار الذي نقيس به مدى اقترابنا من النعيم الإلهي. عندما يتم تجاوز الأحاسيس الجسدية، وعندما يتم ضبط الأفكار الشاردة، تتضح أفضلية هذه الطريقة على الطريقة السابقة.

ومع ذلك، فإن هذه الطريقة تنطوي على بعض العيوب والصعوبات. فبسبب ارتباط الذات الروحية بالجسد واستعبادها منذ فترة طويلة ــ لهذه العادة السيئة المتجذرة ــ فإنها تحاول بشكل غير فعّال تحويل انتباهها بعيداً عن مجال الأحاسيس الجسدية والعقلية.

وبغض النظر عن مدى رغبة المرء في الصلاة أو الانخراط في أي شكل من أشكال العبادة من كل قلبه، فإن انتباه المرء تجتاحه بشراسة الأحاسيس الجسدية والأفكار العابرة التي تجلبها الذاكرة. في الصلاة، غالباً ما نكون منغمسين تماماً في مراعاة الظروف المواتية لها، أو نكون مستعدين أكثر من اللازم للتخلص من مضايقاتنا الجسدية المزعجة.

وعلى الرغم من كل جهودنا الواعية، فإن عادتنا السيئة، التي أصبحت طبيعة ثانية بالنسبة لنا، تفرض ذاتها وتسيطر على رغبات الذات العليا. وعلى الرغم من رغبتنا، يصبح الفكر مشوشاً بما يشبه القول: «حيث يكون كنزك هناك يكون قلبك أيضا». قيل لنا أن نصلي إلى الله من كل قلوبنا. وبدلاً

من ذلك، فإننا بشكل عام نصلي في حين تكون عقولنا وقلوبنا مشتتة بسبب الأفكار المتشردة والانطباعات الحسية.

٣. الطريقة التأملية

هذه الطريقة والطريقة التالية هما علميتان بحت، وتنطويان على دورة تدريبية عملية. وقد أوصى بهما حكماء عظماء أدركوا بالتجربة الشخصية الحقيقة في حياتهم. وأنا شخصياً تعلمتهما على يد أحد هؤلاء الحكماء.

لا يوجد شيء من الغموض في هاتين الطريقتين، ولا شيء ضار يدعو للقلق. إنهما سهلتان إذا تم تعلمهما بشكل صحيح. وسيتبيّن أنهما صحيحتان عالمياً. المعرفة المحسوسة عملياً هي أفضل دليل على صحتهما وفائدتهما العملية.

من خلال ممارسة عمليات التأمل بانتظام إلى أن تصبح عادة، يمكننا أن نستجلب لأنفسنا حالة من «النوم الواعي». عموماً، نشعر بهذه الحالة من الهدوء والسكينة الممتعة فقط عندما نغط في نوم عميق ونقترب من اللاشعور، أو عند الاستيقاظ من تلك الحالة والاقتراب من حالة الوعي.

في هذه الحالة من النوم الواعي، نتحرر من كل الأفكار والأحاسيس الجسدية الخارجية، وتحصل الذات على فرصة للتفكير في نفسها — إنها تدخل في حالة من الغبطة من وقت لآخر وفقاً لعمق وتكرار ممارستها للتأمل.

في هذه الحالة، ننسى ونتحرر مؤقتاً من جميع الاضطرابات الجسدية والعقلية التي تصرف انتباه الذات. من خلال عملية التأمل هذه، يتم التحكم في الأعضاء الخارجية أو الحسية عن طريق تهدئة الأعصاب الإرادية، كما هو الحال في النوم.

حالة التأمل هذه هي الحالة الأولى وليست الحالة النهائية للتأمل الحقيقي. في النوم الواعي نتعلم التحكم فقط في الأعضاء الخارجية أو الحسية. الاختلاف الوحيد هو أنه في النوم العادي يتم التحكم تلقائياً في الأعضاء الحسية، بينما في التأمل يتم التحكم في الأعضاء الحسية طواعية.

ومع ذلك، في هذه المرحلة المبكرة من التأمل، تبقى الذات الروحية عرضة للاضطراب من قبل الأعضاء اللاإرادية والداخلية. على سبيل المثال، نفترض خطأً أن الرئتين والقلب وأجزاء أخرى من الجسم خارجة

عن السيطرة.*

يجب أن نبحث عن طريقة أفضل من هذه. فما دامت الذات الروحية لا تستطيع أن تصد كل الأحاسيس الجسدية — حتى الداخلية منها، والتي تتسبب بظهور الأفكار — بل تظل عرضة لهذه الاضطرابات، فلا أمل لها في السيطرة على تلك الأحاسيس ولن يتسنى لها الوقت أو الفرصة لتعرف ذاتها.

٤. الطريقة العلمية أو اليوغا

قال القديس بولس: "أموت كل يوم".** لقد قصد من ذلك أنه كان يعرف عملية للتحكم في الأعضاء الداخلية وتمكّن بمحض اختياره تحرير ذاته الروحية من الجسد والفكر — وهي تجربة يشعر بها الأشخاص العاديون غير المدربين فقط عند الموت النهائي، عندما تتحرر الذات الروحية من الجسد المنهك.

الآن، ومن خلال دورة تدريبية عملية ومنتظمة في هذه الطريقة*** العلمية، يمكن الشعور بالذات على أنها منفصلة عن الجسد، دون موت نهائي.

سأقدم فقط فكرة عامة عن العملية والنظرية العلمية الحقيقية التي تقوم عليها. وإنني أذكرها هنا بناء على تجربتي الخاصة. ويمكنني القول أنه سيتم التأكد من أنها صحيحة عالمياً. ويمكنني أيضاً القول بثقة أن الغبطة التي أشرت إلى أنها غايتنا القصوى، يتم الإحساس بها بدرجة قوية بممارسة هذه الطريقة. وممارسة تلك الطريقة في حد ذاتها تجلب شعوراً عميقاً من الغبطة — بل وأجرؤ على القول بأنها أكثر وأنقى سروراً من أعظم متعة يمكن لأي من حواسنا الخمس أو العقل توفيرها لنا.

لا أرغب في إعطاء أي شخص أي دليل آخر على حقيقتها غير الذي

* ونادراً ما نتعلم، كما تعلم عظماء القديسين والعلماء كيف نريح هذه الأعضاء الداخلية. ولأننا نفترض أنها خارجة عن السيطرة، فإنها تتعرض للإرهاق وتتوقف فجأة، وهذا التوقف ندعوه «الموت» أو «النوم الأخير».

** كورنثوس الأولى ١٥: ٣١

*** الطريقة العلمية المشار إليها هنا وخلال بقية الكتاب هي كريا يوغا، وهي علم روحي قديم يتضمن بعض أساليب التأمل اليوغي التي علّمها برمهنسا يوغانندا في دروس *Self-Realization Fellowship*. (ملاحظة الناشر).

يحصل عليه من تجربته الخاصة. وكلما مارسها بأناةٍ وانتظام كلما شعر برسوخه القوي والدائم في الغبطة. إنما بسبب استدامة العادات السيئة، فإن الوعي بالكيان الجسدي — بكل ذكرياته — ينتعش أحياناً ويقاوم تلك السكينة. ولكن إذا مارس أي شخص بانتظام ولفترات طويلة، فقد يكون مضموناً أنه بمرور الوقت سيجد نفسه في حالة فائقة جداً من الغبطة.

ومع ذلك، لا ينبغي أن نحاول الإفراط في تصورنا للنتائج المحتملة التي قد تؤدي إليها العملية، ثم التوقف عن ممارسة الطريقة بعد محاولة قصيرة. ومن أجل إحراز تقدم حقيقي، فإن العناصر التالية ضرورية: أولاً، الاهتمام الودي بالموضوع الذي يجب تعلمه. ثانياً، الرغبة في التعلّم وروح البحث الجادة. وثالثا المثابرة حتى بلوغ الغاية المنشودة.

إذا سرنا حتى منتصف الطريق فقط ورفضنا الطريقة بعد ممارسة قصيرة، فلن يؤدي ذلك إلى النتيجة المرجوة. المبتدئ في الممارسات الروحية الذي يحاول الحكم مسبقاً على خبرة الخبراء (من معلمي وأنبياء جميع العصور) يشبه الطفل الذي يحاول تصوّر طبيعة دورات الدراسات العليا.

إنه لأمر مؤسف للغاية أن يبذل الناس قصارى جهدهم ويصرفون وقتهم في تأمين ما هو مطلوب للوجود الدنيوي أو الانغماس في جدل فكري حول نظريات وفرضيات، ولكن نادراً ما يبدو أنهم يعتقدون أن إدراك الحقائق واختبارها بأناة في حياتهم يستحقان اهتمامهم، علماً بأن تلك الحقائق لا تنشّط وتنعش حياتهم وحسب بل تجعلها أيضاً ذات معنىً. غالباً ما تستقطب الجهود المضللة اهتمامهم لفترة أطول من المساعي الطيبة الموجهة بنوايا سليمة. إنني أمارس الطريقة المذكورة أعلاه منذ سنوات عديدة، وكلما فعلت ذلك، كلما شعرت بفرحٍ ناجم عن حالة من غبطة دائمة لا تنضب أبداً.

يجب أن نضع في اعتبارنا أن الذات الروحية مستعبدة للجسد على مدى أجيال لا نعرف عددها. وقد لا يتم تحريرها في يوم واحد، ولن توصل الممارسة القصيرة أو المتقطعة للطريقة المرء إلى حالة الغبطة الفائقة أو تتيح له السيطرة على الأعضاء الداخلية. قد يتطلب الأمر الممارسة بصبر وأناة لفترة طويلة جداً.

ومع ذلك، ما يمكن ضمانه هو أن اتباع هذه العملية سيجلب سعادة عظيمة من الاحساس بالغبطة الخالصة. وكلما مارسناها، كلما بلغنا الغبطة بسرعة أكبر. أتمنى، بصفتكم باحثين عن النعيم، ونحن جميعاً كذلك، أن تحاولوا أن تجربوا بأنفسكم تلك الحقيقة العالمية الموجودة في الكل ويمكن أن يلمسها الجميع. هذه الحالة ليست من اختراع أي إنسان. إنها موجودة بالفعل،

وببساطة ما علينا إلا أن نكتشفها.

لا تنظروا إلى ما أكتبه بعين اللامبالاة حتى تختبروا هذه الحقيقة. ربما تكونوا قد سئمتم من سماع نظريات مختلفة، لم يكن لأي منها حتى الآن أي تأثير مباشر على حياتكم. هذه ليست نظرية، بل حقيقة قابلة للإدراك. أحاول أن أعطيكم فكرة عما يمكن اختباره فعلاً. كان من حسن حظي أن أتعلم هذه الحقيقة العلمية المقدسة من قديس عظيم* في الهند منذ سنوات عديدة. قد تسألون لماذا أحثكم — ولماذا ألفت انتباهكم إلى هذه الحقائق. هل لدي أي مصلحة أنانية؟ على هذا أجيب بالإيجاب. أود أن أعطي هذه الحقيقة لكم على أمل الحصول على فرح خالص مقابل مساعدتكم في العثور على سعادتكم لدى ممارستكم الطريقة والتحقق منها بأنفسكم.

التفسير الفسيولوجي للطريقة العلمية

الآن لا بد أن أتحدث قليلاً عن علم وظائف الأعضاء، والذي سيمكّننا من فهم الطريقة، على الأقل بوجه عام. سأشير إلى عمل المراكز الرئيسية والتيار الكهربائي الذي يتدفق من الدماغ عبر هذه المراكز إلى الأعضاء الخارجية (الحسية) والداخلية، مما يبقيها نابضة بالحياة.

هناك ستة مراكز رئيسية يتم من خلالها تفريغ تيار من البرانا pranic current (تيار حيوي أو كهرباء**الحياة) من الدماغ إلى كافة أجزاء الجهاز العصبي. تلك المراكز هي:

١. المركز النخاعي
٢. المركز العنقي
٣. المركز الظهري
٤. المركز القطني
٥. المركز العجزي
٦. المركز العصعصي

الدماغ هو محطة توليد الطاقة الكهربائية العظمى (المركز الأعلى). جميع المراكز متصلة ببعضها البعض وتعمل تحت تأثير المركز الأعلى (خلايا الدماغ). تقوم خلايا الدماغ بتفريغ تيار الحياة، أو الكهرباء، من خلال

* سوامي سري يوكتسوار، معلم برمهنسا يوغانندا. (ملاحظة الناشر)

** الطاقة الذكية الأدق من الطاقة الذرية (برانا أو قوة الحياة) التي تنشّط وتحافظ على الحياة في الجسم. (ملاحظة الناشر)

هذه المراكز، والتي بدورها تقوم بتفريغ الكهرباء في مختلف الأعصاب الصادرة والأعصاب الواردة، التي تحمل على التوالي نبضات حركية وإحساسات اللمس والبصر وما إلى ذلك.

هذا التدفق الكهربائي من الدماغ هو حياة الكائن الحي (حياة أعضائه الداخلية والخارجية)، وهو الوسط الكهربائي الذي تصل من خلاله جميع تقاريرنا الحسية إلى الدماغ وتسبب ردود فعل فكرية.

إذا أرادت الذات أن تحجب بشكل فعال التقارير المزعجة للأحاسيس الجسدية (والتي هي أيضاً ما يتسبب بظهور سلسلة الأفكار)، فيجب عليها التحكم في التدفق الكهربائي وتركيزه وإعادته من الجهاز العصبي ككل إلى السبعة مراكز الرئيسية (بما في ذلك الدماغ)، بحيث يمكن بهذه العملية إعطاء الأعضاء الخارجية والداخلية راحة تامة.

أثناء النوم، يتم منع التوصيل الكهربائي بين الدماغ والأعضاء الحسية بشكل جزئي، بحيث لا تصل الأحاسيس العادية للصوت واللمس وما إلى ذلك إلى الدماغ. ولكن نظراً لعدم اكتمال هذا المنع، فإن منبّهاً قوياً بما فيه الكفاية من الخارج يقوم بإعادة هذا التوصيل الكهربائي ويتم إبلاغ الدماغ بذلك، مما يؤدي إلى إيقاظ الشخص. ومع ذلك، يوجد دائماً في النوم تدفق كهربائي ثابت إلى الأعضاء الداخلية — القلب والرئتين وأجزاء أخرى — بحيث تظل تنبض وتؤدي وظائفها.

ممارسة الطريقة العلمية تمنح التحرر
من المشوشات الجسدية والعقلية

ولأن التحكم في كهرباء الحياة أثناء النوم لا يكون كاملاً، فإن الأحاسيس الجسدية من مضايقة أو مرض أو منبهات خارجية قوية تزعجها. ولكن من خلال عملية تحكم علمية، والتي قد لا يتم وصفها هنا بالتفصيل، يمكننا التحكم في نفس الوقت في الأعضاء الخارجية والداخلية للجهاز بطريقة مثالية. وتلك هي النتيجة النهائية للممارسة. ولكن قد يستغرق الأمر سنوات طويلة للوصول إلى تلك السيطرة الكاملة.

وكما هو الحال بعد النوم (وهو الشعور بالراحة)، يتم تنشيط الأعضاء الخارجية. لذا، بعد الراحة الناتجة عن ممارسة هذه الطريقة العلمية، يتم تنشيط وإنعاش الأعضاء الداخلية بشكل كبير. وهذا من شأنه أن يؤدي إلى زيادة في نشاط تلك الأعضاء، وإلى إطالة العمر.

بما أننا لا نخشى النوم لئلا تصبح الأعضاء الحسية خاملة وتبقى كذلك،

هكذا يجب ألا نخشى ممارسة الموت الواعي، أي إراحة الأعضاء الداخلية. عندئذ يصبح الموت تحت سيطرتنا. لأنه عندما نرى أن هذا المنزل الجسدي قد أصبح متداعياً وغير صالح للسكن، سنكون قادرين على تركه بمحض إرادتنا. «آخر عدو يبطل هو الموت.»*

ويمكننا أن نصف العملية على النحو التالي: إذا كان مكتب الهاتف الرئيسي في إحدى البلدات متصلاً بشكل دائم عن طريق الأسلاك مع أجزاء مختلفة من المدينة، فيمكن دوماً للأشخاص الذين يتصلون هاتفياً من تلك الأجزاء، حتى ضد إرادة سلطات مكتب الهاتف الرئيسي، إرسال رسائل إلى المكتب المركزي عبر وسيط التيار الكهربائي الموجود داخل الأسلاك الموصلة. إذا رغب مكتب الهاتف الرئيسي في قطع الاتصال مع الأقسام المختلفة، فيمكنه إيقاف تشغيل المفتاح الكهربائي الرئيسي ولن يكون هناك انسياب للتيار إلى الأحياء المختلفة في البلدة.

وبالمثل، فإن الطريقة العلمية تعلّمنا عملية تمكننا من سحب تيار الحياة الموزَّع في كافة أعضاء وأجزاء الجسم الأخرى إلى الجزء المركزي — إلى العمود الفقري والدماغ. تتكون العملية من مغنطة العمود الفقري والدماغ، اللذين يحتويان على سبعة مراكز رئيسية، مما يؤدي إلى سحب كهرباء الحياة الموزعة وإرجاعها إلى مراكز التفريغ الأصلية حيث يتم اختبارها على شكل نور. في هذه الحالة، يمكن للذات الروحية أن تحرر نفسها بطريقة واعية من المشتتات الجسدية والعقلية.

إن الذات الروحية تتعرض للمضايقة، إذا جاز التعبير، حتى ضد رغبتها، من التقارير الهاتفية الواردة من فئتين من الناس — السادة (الأفكار) وأفراد الطبقة الدنيا (الأحاسيس الجسدية). ولكي تتمكن من قطع الاتصال بهم، ليس على الذات سوى سحب الكهرباء المتدفقة عبر أسلاك الهاتف إلى البطارية المركزية لمسكنها عن طريق إيقاف تشغيل المفتاح (ممارسة الطريقة الرابعة)، من أجل الاستمتاع بالراحة.

الانتباه هو الموجّه الأكبر وهو أيضاً مفرّغ الطاقة. إنه المُسبب النشط لتفريغ تيار الحياة الكهربائي من الدماغ إلى الأعصاب الحسية والحركية. على سبيل المثال، من خلال قوة الانتباه نطرد ذبابة مزعجة بتفريغ تيار كهربائي، على امتداد الأعصاب الحركية، وبالتالي نقوم بإنتاج الحركة المرغوبة لليد. أستشهدُ بهذا المثال لإعطاء فكرة عن القوة التي يمكن من

* كورنثوس الأولى ١٥: ٢٦

خلالها التحكم في التدفق الكهربائي للجهاز وسحبه رجوعاً إلى مراكزه السبعة.

إن هذه المراكز الدماغية الشوكية (الكوكبية) السبعة الشبيهة بالنجوم وسرّها هي التي ورد ذكرها في سفر الرؤيا في الكتاب المقدس. لقد أزال القديس يوحنا الأختام عن منافذ المراكز السبعة وارتقى إلى الفهم الحقيقي لنفسه على أنه روح. «اكتب ما رأيت ... سر النجوم السبعة.»*

الممارسة المستمرة للطريقة العلمية
تقود إلى وعي الغبطة، أو الله

في الختام، أود أن أصف طبيعة الحالات التي تظهر عندما يتم التحكم التام في التدفق الكهربائي. في البداية، يتم اختبار إحساس رائع للغاية أثناء مغنطة العمود الفقري. بيدَ أن الممارسة المستمرة والطويلة سوف تستجلب حالة من الغبطة الواعية، وهي نقيض حالة الإثارة التي ينتجها وعينا الجسدي.

وُصِفَت حالة الغبطة هذه بأنها هدفنا العالمي وضرورتنا القصوى، لأننا بواسطتها ندرك الله أو الغبطة فعلاً، ونشعر بامتداد ذواتنا الحقيقية. وكلما زاد اختبارنا لهذه الحالة، كلما تلاشت فرديتنا الضيقة، وكلما انطلقنا بسرعة أكبر للوصول إلى حالة الوعي العالمي، وكلما أصبحت علاقتنا المباشرة بالله أقرب وأوثق.

الدين ليس في الحقيقة سوى اندماج فرديتنا في الوعي العالمي. لذلك في وعي هذه الحالة السعيدة نرتقي في درجات الدين فنغادر الجو الخانق للحواس والأفكار الشاردة ونصل إلى مجال الغبطة السماوية.

ومن خلال هذه العملية نتعرف على ما سيتم التأكد من أنه صحيح عالمياً: عندما يصبح الوعي بهذه الحالة المباركة للذات الروحية حقيقة، ومن خلال الممارسة المستمرة، نجد أنفسنا دوماً في الحضرة الربانية المباركة في داخلنا. فننجز واجباتنا بشكل أفضل، مع التركيز على الواجبات نفسها بدلاً من التركيز على أنانيتنا وعلى وعي اللذة والألم الناشئ عن ذلك. عندئذٍ نتمكن من حل لغز الوجود مثلما يمكننا أن نعطي معنىً حقيقياً للحياة.

في تعاليم جميع الأديان، سواء كانت مسيحية أو إسلامية أو هندوسية، يتم التأكيد على حقيقة واحدة: ما لم يعرف الإنسان نفسه على أنه روح ——

* رؤيا ١: ١٩، ٢٠

أحد الاجتماعات الأولى التي عقدها برمهنسا يوغانندا في مقر SRF العالمي في لوس أنجلوس عام ١٩٢٥

مقر Self-Realization Fellowship الدولي

منبع الغبطة أو السعادة القصوى — فهو مقيّد بالمفاهيم البشرية ويخضع لقوانين الطبيعة القاسية وعديمة الرحمة. ومعرفته لطبيعته الجوهرية تجلب له الحرية الأبدية.

لا يمكننا أن نعرف الله إلا بمعرفة أنفسنا، لأن طبيعتنا الحقيقية هي مشابهة لطبيعته. لقد خُلق الإنسان على صورة الله. وإن تم تعلّم الطرق المقترحة هنا وممارستها بجدية، فستعرف أنك روح سعيدة وستعرف الله.

تشمل الطرق الواردة في هذا الكتاب جميع الوسائل التي يمكن تصورها والضرورية لمعرفة الله. هذه الطرق لا تتطرق إلى الآلاف من القواعد التقليدية والممارسات الصغيرة التي تفرضها ما يسمى بالديانات المختلفة، لأن بعضها يتعلق بفوارق ذات صلة بالإطار الذهني للأفراد، وبالتالي فهي أقل أهمية، على الرغم من أنها ليست غير ضرورية بأي حال من الأحوال. ولأن الطرق الأخرى تأتي في سياق ممارسة هذه الطرق، فهي لا تتطلب قدراً أكبر من المعالجة ضمن المساحة المحدودة هنا.

الطريقة العلمية تعمل مباشرة مع قوة الحياة

إن تفوّق هذه الطريقة على الطرق الأخرى يكمن في حقيقة أنها تعمل مع نفس الشيء الذي يربطنا بفردتنا الضيقة — قوة الحياة. فبدلاً من عكس مسار هذه القوة واستيعابها في قوة النفس القادرة على توسيع نطاق الوعي الذاتي، تتجه قوة الحياة عادةً نحو الخارج، مما يُبقي الجسم والعقل دوماً في حركة دائبة، ويسبب للذات الروحية مضايقة على شكل أحاسيس جسدية وأفكار عابرة.

ولأن قوة الحياة تندفع خارجاً، فإن الأحاسيس والأفكار تزعج وتشوّه الصورة الهادئة للذات أو الروح. هذه الطريقة تُعلّمنا كيف نحوّل قوة الحياة إلى الداخل. ومن ثم فهي طريقة مباشرة وفورية. وتأخذنا مباشرة إلى وعي الذات العليا — وعي الغبطة الإلهية. وهي لا تتطلب المساعدة من وسيط.

تهدف هذه الطريقة إلى التحكم في مسار قوة الحياة وتوجيهها من خلال ضبط وتنظيم مظهر معروف ومرتبط بشكل مباشر بقوة الحياة نفسها. تستعين الطرق الأخرى بمساعدة العقل، أو عملية التفكير، للتحكم في قوة الحياة من أجل استجلاب وعي الذات في مظهره السعيد وغيره من المظاهر الأخرى.

وتجدر الإشارة إلى أن جميع الطرق الدينية في العالم توجب، بشكل مباشر أو غير مباشر، ضمناً أو صراحةً، التحكم بقوة الحياة وتنظيمها

وعكس مسارها كي نتمكن من تجاوز الجسد والعقل ونعرف الذات في حالتها الطبيعية الأصلية. الطريقة الرابعة تتحكم بشكل مباشر بقوة الحياة عن طريق قوة الحياة نفسها في حين أن الطرق الأخرى تفعل ذلك بصورة غير مباشرة من خلال وسيط آخر — الفكر، أو الصلاة، أو الأعمال الحسنة أو العبادة أو «النوم الواعي».

وجود الحياة في الإنسان يعني كينونته؛ وغيابها يعني الموت. وبالتالي فإن الطريقة التي تعلّم قوة الحياة المباشرة على التحكم في نفسها لا بد أن تكون أفضل الطرق. لقد أشار العلماء من مختلف العصور والأمصار إلى طرق تتلاءم مع الإطار العقلي وظروف الناس الذين عاشوا وعلّموا بينهم. البعض شدد على الصلاة، والبعض على الشعور، والبعض على الأعمال الصالحة، والبعض على المحبة، والبعض على العقل أو الفكر، والبعض على التأمل. لكن دوافعهم كانت هي نفسها.

لقد قصدوا جميعاً أنه ينبغي تجاوز الوعي الجسدي من خلال عكس مسار قوة الحياة وتوجيه تلك القوة، وأنه يجب معرفة الذات، تماماً مثلما تظهر صورة الشمس في مياه هادئة غير مضطربة. وهدفهم من ذلك هو بالضبط ما تعلّمه الطريقة الرابعة مباشرة، دون مساعدة من أي وسيط.

في الوقت نفسه، تجدر الإشارة إلى أن ممارسة هذه الطريقة لا تمنع تنمية العقل، وبناء الجسم، ومزاولة نشاط الحياة الاجتماعية والمفيدة — حياة تتسم بأفضل المشاعر وأنقى الدوافع، ومكرّسة لأعمال الخير. في الواقع، يجب التوصية بالتدرّب الشامل للجميع. فهو بكل تأكيد يساعد ممارسة الطريقة بدلاً من إعاقتها. الشيء الوحيد المطلوب هو الدراية الواعية بالغاية من الممارسة. عندئذٍ ستكون كل الأفعال، وكل المساعي، لصالح الممارس.

الشيء الأساسي في هذه العملية هو الفهم التام لسر قوة الحياة التي تعيل جسد الإنسان وتمده بالنشاط، مما يجعله مفعماً بالحياة والحيوية.

القسم ٥

أدوات المعرفة
والصلاحية النظرية
للطرق الدينية

إن عالمية وضرورة المثل الأعلى للدين (النعيم الإلهي الأبدي الوجود والدائم الوعي) والطرق العملية للوصول إلى تلك الحالة قد تمت مناقشتها في الفصول السابقة. والآن نرغب في مناقشة صحة تلك الطرق.

الطرق هي في جوهرها عملية، وإذا تم اتباعها فلا بد من الوصول إلى المثل الأعلى، سواء تعاملنا مع النظريات أم لا. تظهر صحة الطرق من خلال النتيجة العملية نفسها، والتي هي ملموسة وحقيقية.

وليكن معلوماً أنه ليس من الضروري إظهار الأسس النظرية لصحتها. ولكن لمجرد إرضاء الآخرين، فإننا نتطرق بالبداهة إلى صحة نظريات المعرفة التي تستند إليها الطرق، بحيث يمكن لصلاحيتها أن تظهر أيضاً من الناحية النظرية.

هذا سيدخلنا في سؤال النظرية المعرفية: كيف وإلى أي مدى يمكننا معرفة المثل الأعلى والحقيقة؟ لإظهار كيف نعرف المثل الأعلى، يجب أن نفكر في كيفية معرفتنا للعالم الفعلي. يجب أن نتطرق إلى عملية معرفة العالم. ثم سنرى ما إذا كانت عملية معرفة العالم هي نفسها عملية معرفة المثل الأعلى، وما إذا كان العالم الفعلي منفصلاً عن المثل الأعلى أو ما إذا كان الأخير يتخلل الأول ── وأن الاختلاف يكمن في أسلوب معرفة الاثنين.

قبل المضي أبعد من ذلك، دعونا نناقش «أدوات» المعرفة ── الطريقة التي أصبحت بها معرفة العالم ممكنة لنا. هناك ثلاث أدوات أو وسائل للمعرفة: الإدراك الحسي والاستدلال والحدس.

ثلاث أدوات للمعرفة
١. الإدراك الحسي

إن حواسنا هي، إن صح التعبير، نوافذ تأتي من خلالها المنبهات من الخارج وتجتاح العقل الذي يتلقى هذه الانطباعات باستسلام. وما لم يعمل العقل، لا يمكن إحداث أي انطباع به من خلال المنبهات القادمة من الخارج عبر نوافذ الحواس.

لا يكتفي العقل بتوفير الاتصالات بالمنبهات المتحصلة عن طريق الحواس المختلفة فحسب، بل يختزن تأثيراتها على شكل انطباعات. ومع ذلك، تظل هذه الانطباعات كتلة مشوشة ومنفصلة حتى تقوم القوة التمييزية (بودهي *buddhi*) بمعالجتها. ثم يتم إنشاء اتصال ذي صلة ويتم التعرف على تفاصيل العالم الخارجي على أساس ذلك. [التفاصيل] متوقعة، إذا جاز التعبير، ومعروفة في شكليّ الزمان والمكان، ولها ارتباطات مميزة — الكمية، النوعية، القياس، والمعنى. عندئذ يُعرف المنزل بأنه منزل وليس عموداً. هذه نتيجة عمل القوة التمييزية (بودهي).

قد نرى شيئاً ما، نشعر به، ثم نسمع الصوت الذي يُحدثه عند قرعه، فيتلقى عقلنا هذه الانطباعات ويخزنها. ثم تقوم القوة التمييزية (بودهي) بتفسيرها ويبدو أنها تعرضها على شكل منزل بأجزائه المختلفة — الحجم، الشكل، اللون، النموذج، النمط، وعلاقته بآخرين في الحاضر أو الماضي أو المستقبل — في الزمان والمكان. هذه هي الطريقة التي تنشأ بها معرفة العالم.

الشخص المجنون لديه انطباعات مخزونة في ذهنه، لكنها في حالة مشوشة — دون فرزها وترتيبها في مجموعات واضحة ومنظّمة تنظيماً جيداً بواسطة العقل.

ويأتي الآن السؤال التالي: هل يمكن معرفة الحقيقة (المثل الأعلى، الله أو النعيم الإلهي الأبدي الوجود والدائم الوعي) بإدراكٍ من هذا النوع؟ هل عملية معرفة هذا العالم (بالإدراك الحسي) تصح في مسألة معرفة الحق الأسمى؟

نحن نعلم أن العقل لا يعمل إلا على المواد التي توفرها الحواس. من المؤكد أن الحواس تعطينا فقط المنبهات ذات الصلة بالنوعيات والتنوع. لا تمنح الحواس التنوع فحسب، بل إن العقل نفسه يتعامل مع التنوع ويبقى ضمن نطاق التنوع. وعلى الرغم من أنه يمكن أن يفكر في «الوحدة في التنوع»، غير أنه لا يستطيع أن يكون واحداً مع التنوع. وهذا هو عيبه. لا يمكن للإدراك العقلي أن يُظهر الطبيعة الحقيقية للجوهر الكوني الواحد الكامن وراء المظاهر المتنوعة.

وهكذا يستنتج العقل ويصدر أحكامه. عندما تعود القوة التمييزية إلى ذاتها لتحكم على مدى قدرتها على معرفة الواقع من خلال تفسير الانطباعات الحسية فإنها تجد نفسها محصورة بشكل يائس داخل مجال العالم الحسي، حيث لا توجد ثغرة يمكن من خلالها النفاذ إلى العالم فوق الحسي.

قد يقول البعض إنه نظراً لأننا نضع حاجزاً بين العالم الحسي والعوالم

الأسمى من العالم الحسي، لا يمكن للعقل أن يجعل نفسه يعتقد أنه قد يكون لديه أي معرفة بما فوق الحسي. يقولون إننا إذا فكرنا بأن ما هو فوق الحسي يتجلى فيما هو حسي ومن خلاله، فعند معرفة الحسي —— مع صلته (الغائية، أو التكييفية) ومعرفة جميع التفاصيل والأصناف من خلال عملية التفكير —— سنعرف أن ما فوق الحسي يظهر على أنه ''الوحدة في التنوع''.

ولكن يمكن التساؤل: ما هي طبيعة هذه «المعرفة»؟ هل هي مجرد فكرة في الدماغ، أم رؤية مباشرة، أي رؤية الحقيقة وجهاً لوجه [ومعاينة] (الوحدة في التنوع)، بناءً على تجربة شخصية؟ هل ينطوي هذا الشكل من المعرفة على نفس الاقتناع الناجم عن التوحّد مع [الحقيقة]؟ بالتأكيد لا، لأن هذه المعرفة هي فقط معرفة جزئية وناقصة. إنها مجرد النظر من خلال زجاج ملون. العالم فوق الحسي يكمن ما وراء تلك المعرفة. هذه هي الحجج البديهية ضد الإدراك الحسي بصفته أداة لمعرفة الحقيقة أو الله.

من التجربة الهادئة أيضاً، نجد أنه لا يمكننا بلوغ تلك الحالة السعيدة، التي هي الحقيقة والمثل الأعلى نفسه (كما تم توضيحه في الفصول السابقة)، حتى نترفع إلى حد كبير عن حالة القلق والإدراك الحسي. كلما تركنا وراءنا التصورات والأفكار الداخلية المقلقة، كلما زادت احتمالية بزوغ فجر حالة الغبطة الفائقة تلك أو النعيم الإلهي. يبدو أن الإدراك العادي والغبطة هما منفصلان أحدهما عن الآخر في التجربة المشتركة. مع ذلك، لا يعتمد أي من أساليبنا على الإدراك النقي، وبالتالي فإن عدم قدرة الإدراك العادي على معرفة الحقيقة ليس مهماً.

٢. الاستدلال

إنه طريقة أخرى لاكتساب معرفة العالم. لكن الاستدلال نفسه يقوم على الخبرة ——على الإدراك الحسي —— سواء كانت استنتاجية أو استقرائية. في تجربتنا نجد النار حيثما يوجد دخان؛ وبالتالي، إذا رأينا دخاناً في أي مناسبة، فإننا نستنتج أن هناك ناراً. هذا استدلال استنتاجي. لكن هذا ممكن فقط بسبب خبرتنا السابقة (تصورنا) لارتباط الدخان بالنار. في الاستدلال الاستنتاجي هناك أيضاً نفس الاعتماد على الإدراك الحسي.

نلاحظ أن نوعاً معيناً من العصيات هو سبب الكوليرا. نكتشف العلاقة السببية بين هذا النوع من العصيات والكوليرا ونستنتج في الحال أنه أينما وجدنا هذه العصيات، ستكون الكوليرا موجودة. وفي حين أن هناك طفرة من حالات الكوليرا المعروفة إلى الحالات غير المعروفة، إلا أننا لا نتوصل إلى

حقيقة جديدة، رغم أن الحالات قد تكون جديدة. فإمكانية إنشاء علاقة سببية بين عصيات معينة والكوليرا تعتمد على ملاحظة (إدراك) حالات محددة.

لذا فإن الاستدلال يعتمد في النهاية على الإدراك الحسي. في الحالات التي تم استنتاجها، لا نحصل على أي حقيقة جديدة ── لا شيء جديد حقاً لم يتم العثور عليه في الحالات التي تم رصدها. ففي الحالات المرصودة، العصيات تتبَع الكوليرا. وكذلك في الحالات المستنتجة تتبع الكوليرا العصيات ── وهكذا لا توجد حقيقة جديدة على الرغم من أن الحالات حديثة العهد.

بغض النظر عن أشكال التفكير أو الاستدلال أو الاستنتاج أو الخيال التي نستخدمها، ما زلنا لا نتقابل وجهاً لوجه مع الحقيقة. قد يقوم العقل أو الفكر بترتيب وتنظيم الحقائق القائمة على التجربة. ويمكنه محاولة رؤية الأشياء ككل متكامل. كما قد يحاول النفاذ إلى أسرار العالم. لكن المواد التي يستخدمها كأدوات تعرقل جهده ── مثل وقائع التجربة والانطباعات الحسية. إنها وقائع واضحة، ثابتة، منفصلة، ومحدودة بقدرات إدراكنا. تلك المواد، التي هي بحد ذاتها لا تعرف الهدوء أبداً، تسبب التشويش والقلق لعملية التفكير بدلاً من مساعدتها.

الطريقة الدينية الأولى كما أشرنا هي الطريقة العقلية التي تستخدم عملية التفكير لمعرفة الحقيقة ── حالة الغبطة والإدراك الهادئ المطمئن. لكنها تفضي إلى الإخفاق. فالأحاسيس الجسدية تزعجنا. ونظراً لتفاعل عملية التفكير مع الانطباعات الحسية المتنوعة والمشوشة، فإنها تمنع أيضاً بقاءنا لفترة طويلة في حالة من التركيز. لذلك نفشل في تحقيق وعي الوحدة في التنوع. من إحدى مزايا الطريقة العقلية هي أنها عندما نستغرق في عالم الفكر نتجاوز إلى حد ما الأحاسيس الجسدية. لكن هذه الحالة هي دوماً مؤقتة.

في الطريقتين الأخريين ── التعبدية والتأملية ── تقلّ عملية التفكير، ومع ذلك تبقى موجودة. في الطريقة التعبدية (أي في الطقوس أو الشعائر التعبدية، كما في الصلاة ── الجماعية أو الفردية) يكون جزء كبير من عملية التفكير منهمكاً في خلق الظروف المواتية. ومع ذلك، تبقى هناك محاولة للتركيز على شأن من شؤون العبادة أو الصلاة.

وبقدر ما يتم تقييد أو منع التنوع في عمليات التفكير تكون الطريقة التعبدية ناجحة. لكن العيب هو الآتي: نظراً لوجود عادة سيئة، ترسّخت على مر العصور، فإن تركيزنا ليس عميقاً، مما يترك احتمال تفعيل عمليات التفكير عند أدنى تشويش أو اضطراب.

في الطريقة التأملية، حيث يتم الاستغناء عن (الشكليات الخارجية

والأعراف والطقوس، مما يحول دون إمكانية تفعيل عمليات التفكير بسهولة كما هو الحال في الطريقة التعبدية)، يصبح من الممكن تثبيت التركيز على موضوع واحد للفكر. بعد ذلك يكون هناك ميل تدريجي لترك مجال الفكر وراءنا والدخول إلى مجال الحدس، والذي سنتطرق إليه فيما يلي.

٣. الحدس

لغاية الآن كنا نستعرض أدوات وعمليات معرفة هذا العالم الحسي. الحدس، الذي نتطرق إليه الآن، هو العملية التي نعرف من خلالها العالم فوق الحسي ــــ وهو العالم الذي يتجاوز الحواس والأفكار. صحيح أن العالم فوق الحسي يظهر ذاته في العالم الحسي ومن خلاله، وأن معرفة هذا الأخير معرفة تامة يعني معرفة الأول. لكن عملية معرفة الاثنين يجب أن تكون مختلفة.

هل نمتلك القدرة على معرفة حتى العالم الحسي بكل ما يحتويه عن طريق الإدراك الحسي والفكر فحسب؟ بالتأكيد لا. هناك عدد لا حصر له من الحقائق، والأشياء، والقوانين، والصلات في الطبيعة وحتى في كياننا الحي الذي لا يزال كتاباً مختوماً بالنسبة للبشرية. ولذلك، سنكون أقل بكثير قدرة على معرفة العالم فوق الحسي من خلال الإدراك الحسي والفكر.

الحدس يأتي من الداخل، في حين يعتمد الفكر على المعطيات الخارجية. الحدس يمنح رؤية مباشرة للحقيقة؛ أما الفكر فيعطي نظرة غير مباشرة لها. وبفعل ترابط قوي بين الحدس والحقيقة، يرى الحدس الحقيقة بصورتها الكاملة، في حين يقسّمها الفكر إلى أجزاء.

كل إنسان يمتلك قوة الحدس لأنه يمتلك قوة الفكر. ومثلما يمكن تنمية الفكر، يمكن أيضاً تطوير الحدس. في الحدس نكون على تناغم مع الحقيقة ــــ مع عالم الغبطة، مع «الوحدة في التنوع»، مع القوانين الداخلية التي تحكم العالم الروحي، وعلى تناغم مع الله.

كيف نعرف اننا موجودون؟ من خلال الإدراك الحسي؟ هل تخبرنا الحواس أولاً أننا موجودون ــــ ومن أين تأتي الدراية بالوجود؟ لا يمكن أن يحدث ذلك أبداً، لأن الدراية بالوجود مفترضة مسبقاً في محاولة الحواس لإعلامنا بوجودنا. لا يمكن للحس بأن يكون على دراية واعية بأي شيء دون أن نعرف أولاً أننا موجودون في عملية الإحساس ذاتها.

هل يخبرنا الاستدلال وعملية التفكير بأننا موجودون؟ بالتأكيد لا. لأن أدوات الفكر لا بد أن تكون انطباعات حسية، وتلك الانطباعات، كما تبيّن لنا

للتو، لا يمكن أن تخبرنا عن وجودنا، لأن هذا الشعور مفترض مسبقاً في تلك الانطباعات. ولا يمكن لعملية التفكير أن تمنحنا الدراية بالوجود، لأن الدراية بالوجود مشمولة أصلاً في عملية التفكير. وعندما نقوم بمقارنة أنفسنا بالعالم الخارجي، نسعى للتفكير أو الاستنتاج بأننا موجودون فيه، وتكون الدراية بالوجود موجودة بالفعل في عملية التفكير والاستنتاج ذاتها.

وبالتالي، إذا تعطل الحس أو الفكر، فكيف نعرف أننا موجودون؟ فقط من خلال الحدس يمكننا معرفة ذلك. هذه المعرفة هي شكل من أشكال الحدس. الحدس هو ما وراء الحس والفكر — ووجودهما مقترن بوجوده.

من الصعب جداً تعريف الحدس، لأنه قريب جداً من كل واحد منا؛ وكل واحد منا يشعر به. ألا نعرف ما هي الدراية بالوجود؟ الجميع يعرف ذلك. فهي مألوفة جداً بحيث لا تحتاج إلى تعريف. اسأل أحدهم كيف يعرف أنه موجود، وسيبقى صامتاً. إنه يعرف ذلك، لكنه لا يستطيع توضيحه. قد يحاول الشرح لكن تفسيره لا يكشف عما يشعر به في داخله. الحدس، في كل شكل من أشكاله، له هذه الطبيعة الفريدة.

الطريقة الدينية الرابعة، التي تم شرحها في الفصل الأخير، تقوم على الحدس. كلما تعاملنا بجدية أكبر مع الحدس، كلما كانت رؤيتنا للحقيقة أو الله أوسع وأكثر تأكيداً.

من خلال الحدس تصل البشرية إلى الألوهية، ويتم ربط العالم الحسي مع العالم فوق الحسي، مع الشعور بأن العالم فوق الحسي يظهر ذاته في العالم الحسي ومن خلاله. عندها يتلاشى تأثير الحواس، وتختفي الأفكار المتطفلة، فندرك وعي الغبطة-الله، ويبزغ علينا وعي «الكل في الواحد والواحد في الكل». هذا الحدس هو ما امتلكه كل علماء وأنبياء العالم العظام.

الطريقة الثالثة، أو طريقة التأمل، كما تقدّم شرحه في الجزء ٤، تنقلنا أيضاً إلى مجال الحدس — عندما يتم ممارستها بجدية. ولكنها غير مباشرة بعض الشيء، وعادةً ما تستغرق وقتاً أطول لإنتاج الحالات المتتالية لعملية الحدس أو الإدراك البديهي في داخلنا.

بالحدس يمكن إدراك الله في جميع مظاهره

واستنتاجاً، يمكن معرفة الله في كل مظاهره عن طريق الحدس. إننا لا نتوفر على الحس الذي يمكن أن يكشف الله لنا ويعرّفنا عليه، لأن الحواس لا تمنح سوى معرفة مظاهره. لا يمكن لأي فكر أو استنتاج أن يمكّننا من معرفته على حقيقته، لأن الفكر لا يمكن أن يتجاوز البيانات التي توفرها

الحواس؛ بل يمكنه فقط ترتيب وتفسير انطباعات الحواس. عندما تعجز الحواس، يعجز أيضاً الفكر (الذي يعتمد عليها) أن يوصلنا إلى الله. لذا فمن البديهي أنه يتعين علينا الاعتماد على الحدس لمعرفة الله في مظهره المغبوط ومظاهره الأخرى.

ومع ذلك، هناك العديد من العوائق التي تحول دون هذا الإدراك الحدسي — لمعرفة الحقيقة. وهذه بعض منها: المرض، وعدم الأهلية العقلية، والشك، والتراخي، والعقلية الدنيوية، والأفكار الخاطئة، واختلال التوازن.

هذه الأمور هي إما فطرية متأصلة أو متولّدة ويزداد تأثيرها بالتواصل مع الآخرين. إن ميولنا المتأصلة (سماسكارا) نحو أخطاء وهفوات معينة يمكن التغلب عليها ببذل مجهود عقلي قوي (بوروشكارا). ومن خلال ممارسة قوة الإرادة يمكننا التخلص من كل مواطن الضعف وأوجه القصور لدينا. بالمجهود الصحيح وبالتواصل مع الناس الطيبين من مريدي الله، يمكننا القضاء على العادات السيئة وتكوين عادات جيدة. وإلى أن نتواصل مع أولئك الذين رأوا ولمسوا وأدركوا الدين الحقيقي في حياتهم، فقد لا نعرف تماماً ماهيته وأين تكمن عالميته وضرورته.

إن روح البحث وتقصّي الحقائق موجودة في الجميع. كل شخص في العالم هو باحث عن الحقيقة. فهي ميراثه الخالد الذي يسعى إليه عشوائياً أو بتعقل وحكمة، حتى يسترده كاملاً. لم يفت الأوان بعد للإصلاح والتحسّن. «اُطْلُبُوا تَجِدُوا. اِقْرَعُوا يُفْتَحْ لَكُمْ.»*

* متى ٧: ٧

نبذة عن المؤلف

"إن المثل الأعلى لمحبة الله وخدمة الإنسانية وجد تعبيراً كاملاً في حياة برمهنسا يوغانندا... ومع أنه صرف القسم الأكبر من حياته خارج الهند، لا زال يحتفظ بمكانه بين عظماء قديسينا. فعمله يستمر بالنمو ويزداد تألقاً، ويجتذب الناس من كل مكان للانضمام إلى مسيرة الروح."

— من شهادة لحكومة الهند عند إصدارها طابعاً بريدياً تذكارياً تكريماً لبرمهنسا يوغانندا بمناسبة الذكرى السنوية الخامسة والعشرين لرحيله.

وُلد برمهنسا يوغانندا في ٥ يناير/كانون الثاني ١٨٩٣ في مدينة غوراخبور بشمال الهند، عند سفح جبال الهملايا، وقد أُعطي آنذاك اسم موكوندا لال غوش. ومنذ سنواته الأولى، كان من الواضح أن حياته تميزت بمصير إلهي. ووفقاً لأولئك المقربين منه، حتى عندما كان طفلاً، كان وعيه وتجربته الروحية عميقين بدرجة غير مألوفة. ففي شبابه سعى بحثاً عن العديد من حكماء وقديسي الهند على أمل العثور على معلم مستنير لإرشاده في مطلبه الروحي. في عام ١٩١٠، في سن السابعة عشرة، التقى السوامي الجليل سري يوكتسوار وأصبح تلميذاً له. وفي صومعة هذا المعلم العظيم لليوغا أمضى الجزء الأكبر من السنوات العشر التالية، حيث تلقى تدريب سري يوكتسوار الذي اتسم بالحزم والمحبة. وبعد تخرجه من جامعة كلكتا في عام ١٩١٥، أخذ نذوراً رسمية كراهب في سلك السوامي الهندي المبجل حيث حصل آنذاك على اسم يوغانندا (الذي يعني الغبطة، أننندا، من خلال الاتحاد الإلهي، يوغا).

في عام ١٩١٧، بدأ شري يوغانندا عمله في الحياة بتأسيس مدرسة «فن العيش السعيد والمتوازن» للبنين، حيث قام بدمج الأساليب التعليمية الحديثة مع تدريب اليوغا وتعليم المثل الروحية. وبعد ثلاث سنوات، تلقى دعوة لتمثيل الهند في المؤتمر الدولي للمتدينين الأحرار المنعقد في بوسطن. وقد قوبل خطابه حول «عِلم الدين» الذي ألقاه أمام المؤتمر بترحيب كبير.

على مدى السنوات العديدة التالية، حاضر وعلّم في الساحل الأمريكي الشرقي، وفي عام ١٩٢٤ شرع في جولة محاضرات عبر الولايات المتحدة. في يناير/كانون الثاني ١٩٢٥ بدأ في لوس أنجلوس سلسلة من المحاضرات والصفوف لمدة شهرين. وكما هو الحال في أي مكان آخر، استُقبلت خطبه

باهتمام واستحسان. وقد جاء في صحيفة لوس أنجلوس تايمز: « حدث في قاعة الاستماع فيلهرمونك أوديتوريوم مشهد غير عادي... حيث لم يتمكن الآلاف من حضور محاضرة قبل ساعة من الإعلان عن بدئها لأن القاعة التي تحتوي على ٣٠٠٠ مقعداً كانت قد امتلأت بكامل طاقتها الاستيعابية.»

في وقت لاحق من ذلك العام، أنشأ شري يوغانندا في لوس أنجلوس المقر العالمي لـSelf-Realization Fellowship، وهي الجماعة التي أسسها في عام ١٩٢٠ لنشر تعاليمه حول علم وفلسفة اليوغا القديمة وطرق التأمل* التي أثبت الزمن صحتها وفعاليتها. على مدار العقد التالي، تنقل كثيراً، وتحدث في كبريات المدن في جميع أنحاء البلاد. ومن بين أولئك الذين أصبحوا طلابه العديد من الشخصيات البارزة في العلوم والأعمال والفنون، بما في ذلك عالم النبات لوثر بوربانك، وسوبرانو المتروبوليتان أوبرا أميليتا غالي كورشي، ومارغريت ويلسون ابنة الرئيس وودرو ويلسون، والشاعر إدوين ماركهام، وقائد الفرقة السمفونية ليوبولد ستوكوفسكي.

بعد جولة استمرت ثمانية عشر شهراً في أوروبا والهند في ١٩٣٥-١٩٣٦، بدأ ينسحب إلى حد ما من محاضراته العامة على مستوى البلاد ليكرّس نفسه لبناء أساس دائم لعمله في كل أنحاء العالم ولكتاباته التي ستنقل رسالته إلى الأجيال القادمة. نُشرت قصة حياته، مذكرات يوغي Autobiography of a Yogi في عام ١٩٤٦ وما زالت طبعاتها متوالية منذ ذلك الحين، وقد تُرجمت إلى العديد من اللغات واكتسبت شهرة باعتبارها سيرة روحية كلاسيكية عصرية.

اليوم، يتواصل العمل الروحي والإنساني الذي بدأه برمهنسا يوغانندا بإشراف الأخ تشيدانندا، رئيس Self-Realization Fellowship و Yogoda Satsanga Society** في الهند. بالإضافة إلى نشر كتب برمهنسا يوغانندا ومحاضراته وكتاباته وأحاديثه غير الرسمية — بما في ذلك سلسلة شاملة من دروس Self-Realization Fellowship للدراسة المنزلية — تقوم الجماعة بإرشاد الأعضاء المنتسبين في ممارستهم لتعاليم شري يوغانندا، وتشرف على معابدها وخلواتها ومراكز التأمل في جميع

* المسار المحدد للتأمل الذي علّمه برمهنسا يوغانندا يُعرف باسم كريا يوغا، وهو عِلم روحي مقدّس نشأ في الهند منذ آلاف السنين. يقدّم كتاب شري يوغانندا مذكرات يوغي عرضاً عاماً لفلسفة وأساليب الكريا يوغا. وتتوفر إرشادات مفصلة عن طرق الممارسة للطلاب المؤهلين الحاصلين على دروس *Self-Realization Fellowship.*

** يُعرف عمل برمهنسا يوغانندا في الهند باسم Yogoda Satsanga Society.

أنحاء العالم، فضلاً عن النظام الرهباني التابع للجماعة. كما تقوم بتنسيق دائرة الصلاة العالمية، والتي تعمل كأداة للمساعدة في تحقيق الشفاء لمن هم في حاجة جسدية أو عقلية أو روحية ومن أجل تحقيق توافق أكبر بين الأمم.

منذ انتقاله من هذا العالم في عام ١٩٥٢، أصبح برمهنسا يوغانندا معروفاً كواحد من الشخصيات الروحية العظيمة حقاً في عصرنا. فمن خلال تعاليمه العالمية وحياته المثالية ساعد الناس من جميع الأجناس والثقافات والمعتقدات على إدراك جمال الروح الإنسانية ونبلها وإظهارها بشكل كامل في حياتهم الخاصة. في مقال عن حياة وعمل شري يوغانندا، كتب أستاذ اللغات القديمة في كلية سكريبس الدكتور كوينسي هاو الابن ما يلي: «لم يقتصر ما جلبه برمهنسا يوغانندا للغرب على وعد الهند الراسخ بمعرفة الله، بل جلب أيضاً أسلوباً عملياً يمكن من خلاله للطامحين الروحيين من كل مناحي الحياة أن يتقدموا بسرعة نحو ذلك الهدف. إن تراث الهند الذي لاقى في الأصل تقديراً في الغرب على أكثر المستويات سمواً وتجريداً، أصبح الآن متاحاً كممارسة وتجربة لكل من يطمح للتعرف على الله، ليس في العالم الآخر، بل هنا والآن... إذ وضع يوغانندا في متناول الجميع أعظم طرق التأمل وأسماها.»

برمهنسا يوغانندا
يوغي في الحياة والموت

دخل برمهنسا يوغانندا حالة ماهاسمادهي (الخروج الواعي الأخير لليوغي من الجسد) في لوس أنجلوس، كاليفورنيا، في ٧ مارس/آذار ١٩٥٢، بعد اختتام كلمة ألقاها في مأدبة أقيمت على شرف سعادة سفير الهند بيناري ر. سين.

لقد أظهر المعلم العالمي العظيم قيمة اليوغا (الأساليب العلمية لمعرفة الله) ليس فقط في الحياة ولكن في الموت أيضاً. فبعد أسابيع من رحيله، ظل وجهه الذي لم يتغير ولم يتطرق إليه الفساد يشع بريقاً مقدساً.

وقد أرسل المستر هاري تي. رو، مدير مدفن فورست لاون ميموريال بارك Forest Lawn Memorial Park في لوس أنجلوس (حيث تم وضع جثمان المعلم العظيم مؤقتاً) خطاباً موثّقاً إلى Self-Realization Fellowship وهذه مقتطفات منه:

«إن عدم وجود أي علامات مرئية للتعفن في جثمان برمهنسا يوغانندا هو الحالة الأكثر استثنائية في تجربتنا.... إذ لم يظهر تحلل مادي في جسده حتى بعد عشرين يوما من وفاته.... ولم تظهر علامات التعفن على بشرته، ولم يظهر جفاف في أنسجة الجسم. وهذه الحالة من الحفظ التام للجسد هي، على حد معرفتنا بالسجلات الجنائزية، حالة لا مثيل لها.... فعند استلام جثمان يوغانندا، توقع عمال الدفن أن يلاحظوا من خلال الغطاء الزجاجي للنعش، علامات التحلل التدريجي للجسد. لكن دهشتنا زادت مع توالي الأيام دون حدوث أي تغيير واضح في الجسد الذي كان تحت المراقبة. فجسد يوغانندا كان على ما يبدو في حالة استثنائية من عدم التغيّر.... حيث لم تنبعث من جسده رائحة التعفن في أي وقت....

في ٢٧ مارس كان المظهر الجسدي ليوغانندا، قبل وضع الغطاء البرونزي على التابوت، هو نفسه كما كان في ٧ مارس. لقد بدا يوم ٢٧ مارس غضاً وغير متأثر بالتحلل مثلما كان ليلة وفاته. وفي ٢٧ مارس لم يكن هناك سبب يدعونا للقول بأن جسده قد عانى من أي تحلل جسدي مرئي على الإطلاق. ولهذه الأسباب نعلن مرة أخرى أن حالة برمهنسا يوغانندا فريدة من نوعها في تجربتنا».

موارد إضافية بخصوص
تعاليم برمهنسا يوغانندا
حول كريا يوغا

Self-Realization Fellowship مكرسة لتقديم المساعدة دون قيود للباحثين في جميع أنحاء العالم. للحصول على معلومات بخصوص سلسلتنا السنوية من المحاضرات والفصول العامة، وخدمات التأمل الإلهامية في معابدنا ومراكزنا حول العالم، وجدول الخلوات والأنشطة الأخرى، ندعوكم لزيارة موقعنا على الإنترنت أو مقرنا العالمي:

www.yogananda.org

Self-Realization Fellowship
3880 San Rafael Avenue
Los Angeles, CA 90065-3219
+1(323) 225-2471

دروس
Self-Realization Fellowship

إرشادات وتعليمات شخصية
من برمهنسا يوغانندا حول التأمل ومبادئ الحياة الروحية

إذا كنت تشعر بالانجذاب إلى تعاليم برمهنسا يوغانندا، فإننا ندعوك للتسجيل في دروس Self-Realization Fellowship.

لقد أنشأ برمهنسا يوغانندا سلسلة الدراسة المنزلية هذه لإتاحة فرصة للباحثين المخلصين لتعلّم وممارسة أساليب تأمل اليوغا القديمة التي جلبها إلى الغرب – بما في ذلك علم الكريا يوغا Kriya Yoga. تقدم الدروس أيضاً إرشاداته العملية لتحقيق الازدهار، والرفاه الجسدي، والعقلي، والروحي.

تتوفر دروس Self-Realization Fellowship مقابل رسم رمزي (لتغطية تكاليف الطبع والبريد)، ويقدم رهبان وراهبات Self-Realization Fellowship لجميع الطلاب إرشادات شخصية حول الممارسة التطبيقية.

لمزيد من المعلومات...

يرجى زيارة الموقع الإلكتروني www.srflessons.org أو طلب حزمة تتضمن معلومات مجانية شاملة عن الدروس.

الأهداف والمثل العليا
لـ Self-Realization Fellowship

كما وضعها المؤسس برمهنسا يوغانندا
رئيس الجماعة الأخ تشيدانندا

نشر معرفة بين الأمم تتضمن أساليب علمية أكيدة للحصول على تجربة شخصية مباشرة مع الله.

التلقين بأن غاية الحياة هي تطوير وعي الإنسان البشري المحدود، من خلال المجهود الذاتي، إلى الوعي الإلهي؛ ولهذه الغاية تأسيس معابد Self-Realization Fellowship في كافة أنحاء العالم للتواصل مع الله، والتشجيع على تأسيس معابد فردية لله في بيوت وقلوب الناس.

إظهار الانسجام التام والوحدة الجوهرية بين المسيحية الأصلية كما علّمها يسوع المسيح واليوغا الأصلية كما علّمها بهاغافان كريشنا؛ والتوضيح أن مبادئ الحق هذه هي الأساس العلمي المشترك لجميع الديانات الحقيقية.

تبيان الطريق الرئيسي المقدس الذي تفضي إليه جميع دروب المعتقدات الدينية الحقيقية: طريق التأمل اليومي، العلمي، التعبدي على الله.

تحرير الإنسان من معاناته الثلاثية: المرض الجسدي، الاضطرابات العقلية، والجهل الروحي.

تشجيع «العيش البسيط والتفكير السامي»؛ ونشر روح الإخاء بين كل شعوب العالم بتلقين الأساس الأبدي لوحدتهم: صلتهم بالله.

إثبات سمو العقل على الجسد، والروح على العقل.

قهر الشر بالخير، والحزن بالفرح، والقسوة باللطف، والجهل بالحكمة.

توحيد العلم والدين عن طريق معرفة الوحدة القائمة بين مبادئهما الأساسية.

الدفع باتجاه التفاهم الثقافي والروحي بين الشرق والغرب، وتبادل أفضل خصائصهما المميزة.

خدمة البشرية بصفتها ذات الإنسان الكبرى.

مذكرات يوغي
بقلم برمهنسا يوغانندا

تقدم هذه السيرة الذاتية المشهورة صورة رائعة لأحد الشخصيات الروحية العظيمة في عصرنا. بصراحة ممتعة، وبلاغة وفطنة شفافة، يروي برمهنسا يوغانندا سيرة حياته الملهمة بما فيها من تجارب طفولته الرائعة، ولقاءاته مع العديد من القديسين والحكماء خلال بحثه وهو فتىً يافع في جميع أنحاء الهند عن معلم مستنير، وتدريبه لعشر سنوات في صومعة معلم يوغا جليل، وثلاثين عاماً عاشها وعلّم خلالها في أمريكا. كما تحتوي السيرة أيضاً على لقاءاته مع المهاتما غاندي، ورابندرانات طاغور، ولوثر بربانك، والكاثوليكية تيريز نيومان التي حملت جروحاً تشبه جروح المسيح، وشخصيات روحية أخرى مشهورة من الشرق والغرب.

كتاب مذكرات يوغي Autobiography of a Yogi هو في الوقت نفسه قصة مدونة بأسلوب جميل لحياة استثنائية وهي مقدمة عميقة لعلم اليوغا القديم وتقليد التأمل العريق، حيث يشرح المؤلف بوضوح القوانين الشفافة إنما الثابتة خلف كل الأحداث العادية للحياة اليومية والأحداث غير العادية التي تدعى عادة معجزات. وهكذا تصبح قصة حياته المشوقة خلفية أساسية لإلقاء نظرة ثاقبة لا تُنسى على الأسرار النهائية للوجود البشري.

يعتبر الكتاب من الكلاسيكيات الروحية الحديثة، وقد تُرجم إلى أكثر من خمسين لغة ويستخدم على نطاق واسع ككتاب دراسي وعمل مرجعي في الكليات والجامعات، وهو من أكثر الكتب مبيعاً منذ نشره لأول مرة قبل أكثر من خمسة وسبعين عاماً، وقد وجدت هذه السيرة الذاتية طريقها إلى قلوب ملايين القراء حول العالم.

«قصة نادرة.» – نيويورك تايمز
«دراسة رائعة ومستوفية الشروح» – نيوزويك
«لم يُدون من قبل، لا باللغة الإنجليزية ولا بأية لغة أوروبية أخرى، مثل هذا العرض لليوغا.» – مطبعة جامعة كولومبيا

كتب باللغة العربية من تأليف برمهنسا يوغانندا

منشورات عربية من Self-Realization Fellowship
متوفرة على الموقع الإلكتروني
www.srfbooks.org
أو غيره من مكتبات بيع الكتب عبر الإنترنت

كيف يمكنك محادثة الله

يُعرّف برمهنسا يوغانندا الله بأنه الروح الكوني الفائق والأب، والأم، والصديق الشخصي المحب والقريب من الجميع، ويبيّن مدى قرب الرب من كل واحد منا، وكيف يمكن إقناعه بأن "يكسر صمته" ويستجيب بطريقة محسوسة.

توكيدات شفاء علمية

في هذا الكتاب الذي يشتمل على مجموعة واسعة من التوكيدات يقدم برمهنسا يوغانندا شرحاً عميقاً للأسس العلمية للتوكيد. ويشرح طريقة عمل التوكيدات، وكيف يمكن استخدام قوة الكلمة والفكر ليس فقط لاستجلاب الشفاء، ولكن أيضاً لإحداث التغيير المرغوب في كل مجال من مجالات الحياة.

تأملات ميتافيزيقية

أكثر من ٣٠٠ من التأملات والصلوات والتوكيدات الروحية التي تلهم الفكر وتسمو به، والتي يمكن استخدامها لتنمية قدر أكبر من الصحة، والحيوية، والإبداع، والثقة بالنفس، والهدوء؛ وللعيش بدراية أكبر بحضور الله الذي يغمر النفس بالغبطة والابتهاج.

عِلم الدين

في هذا الكتاب، يبين برمهنسا يوغانندا أن داخل كل إنسان توجد رغبة حتمية لا مفر منها وهي التغلب على المعاناة والحصول على سعادة لا انتهاء لها. وإذ يشرح كيف يمكن تحقيق هذه الأشواق، فإنه يتناول بدقة الفعالية النسبية للمقاربات المختلفة لتحقيق هذا الهدف.

قانون النجاح

يشرح المبادئ الديناميكية لتحقيق أهداف المرء في الحياة، ويحدد القوانين

الكونية التي تحقق النجاح وتجلب الرضا – على المستوى الشخصي والمهني والروحي.

همسات من الأبدية

مجموعة من صلوات برمهنسا يوغانندا واختباراته الإلهية في حالات التأمل السامية. إن كلماته المدونة بجمال شعري وإيقاع رائع تظهر تنوعاً لا ينفد لطبيعة الله والعذوبة اللامتناهية التي يستجيب بها لمن يبحثون عنه.

مأثورات برمهنسا يوغانندا

مجموعة من الأقوال والمشورة الحكيمة التي تنقل ردود برمهنسا يوغانندا الصريحة والمفعمة بالمحبة لأولئك الذين قصدوه التماساً للتوجيه والإرشاد. المأثورات في هذا الكتاب، التي تم تدوينها بواسطة عدد من تلاميذه المقربين، تتيح للقارئ فرصة المشاركة في لقاءاتهم مع المعلم.

كتب باللغة الإنكليزية لبرمهنسا يوغانندا

Autobiography of a Yogi

God Talks With Arjuna: The Bhagavad Gita
— *A New Translation and Commentary*

The Second Coming of Christ:
The Resurrection of the Christ Within You
— A Revelatory Commentary on the Original Teachings of Jesus

The Yoga of the Bhagavad Gita

The Yoga of Jesus

The Collected Talks and Essays

Volume I: Man's Eternal Quest
Volume II: The Divine Romance
Volume III: Journey to Self-realization

Wine of the Mystic:
The Rubaiyat of Omar Khayyam
— A Spiritual Interpretation

Songs of the Soul

Whispers from Eternity

Scientific Healing Affirmations

In the Sanctuary of the Soul:
A Guide to Effective Prayer

The Science of Religion

Metaphysical Meditations

Where There Is Light
—Insight and Inspiration for Meeting Life's Challenges

Sayings of Paramahansa Yogananda

Inner Peace:
How to Be Calmly Active and Actively Calm

Living Fearlessly
—Bringing Out Your Inner Soul Strength

The Law of Success

How You Can Talk With God

Why God Permits Evil and How to Rise Above It

To Be Victorious in Life

Cosmic Chants

تسجيلات برمهنسا يوغانندا الصوتية

Beholding the One in All

The Great Light of God

Songs of My Heart

To Make Heaven on Earth

Removing All Sorrow and Suffering

Follow the Path of Christ, Krishna, and the Masters

Awake in the Cosmic Dream

Be a Smile Millionaire

One Life Versus Reincarnation

In the Glory of the Spirit

Self-Realization: The Inner and the Outer Path

منشورات أخرى من
Self-Realization Fellowship

The Holy Science
— *Swami Sri Yukteswar*

Only Love:
Living the Spiritual Life in a Changing World
— Sri Daya Mata

Finding the Joy Within You:
Personal Counsel for God-Centered Living
— Sri Daya Mata

Intuition:
Soul Guidance for Life's Decisions
— Sri Daya Mata

God Alone:
The Life and Letters of a Saint
— Sri Gyanamata

"Mejda":
The Family and the Early Life of Paramahansa Yogananda
— Sananda Lal Ghosh

Self-Realization
(مجلة أسسها برمهنسا يوغانندا في عام ١٩٢٥)

دي في دي فيديو

Awake: The Life of Yogananda
فيلم من إنتاج شركة أفلام كاونتربوينت

كتب وتسجيلات فيديو/تسجيلات صوتية – بما في ذلك تسجيلات أرشيفية نادرة لبرمهنسا يوغانندا – على الموقع الإلكتروني:
www.srfbooks.org

حزمة تقديمية مجانية

الطريقة العلمية للتأمل التي علّمها برمهنسا يوغانندا، بما في ذلك كريا يوغا – إلى جانب توجيهاته بخصوص كافة جوانب العيش الروحي المتزن – يتم تلقينها في دروس Self-Realization Fellowship. يرجى زيارة الموقع الإلكتروني www.srflessons.org وطلب حزمة معلومات مجانية شاملة عن الدروس.

Self-Realization Fellowship
3880 San Rafael Avenue • Los Angeles, CA 90065-3219
Tel +1(323) 225-2471 • fax +1(323) 225-5088
www.yogananda.org